동양사상과
탈현대의 발견

동양사상과 탈현대의 발견

▎ 이현지 지음

한국학술정보㈜

현대를 살아가는 사회학자들은 누구나 현대사회가 직면한 위기를 극복하기 위한 대안을 모색하는 데 많은 노력을 기울이고 있다. 필자 또한 그런 문제의식을 출발점으로 삼아서, 동양사상에 관심을 가지게 되었다. 필자는 현대사회의 위기는 바로 현대사회를 지배하고 있는 세계관의 위기에서 야기되는 것이라고 생각한다. 현대사회를 지배하고 있는 서구의 근대적 세계관은 전근대사회의 문제를 해결하고 새로운 세계를 건설하는 데, 기여한 바가 크다. 그러나 현대사회의 문제를 극복하고 탈현대사회를 건설해야 하는 오늘날, 서구의 근대적 세계관은 새로운 사회를 건설하는 데 걸림돌이 되고 있다.

현대사회의 물질적인 풍요와 발전을 토대로 하는 탈현대사회는 새로운 세계관을 토대로 구성되어야 한다. 우리는 새로운 세계관의 요체를 동양사상에서 발견할 수 있다. 서구의 근대적 세계관은 고대사상에서 아이디어를 차용하여, 전근대를 극복하는 새로운 이념을 창출했다. 마찬가지로 우리는 오래된 동양사상 속에서 탈현대를 위한 새로운 세계관을 발견하고자 한다.

탈현대의 설계를 위해서는 먼저 현대사회가 직면하고 있는 문제의 양상을 면밀히 검토하고, 그 원인을 분석해야 한다. 다음으로는 현대의 문제를 극복할 수 있는 이론적 대안을 찾고, 그것을 토대로 탈현대를 위한 설계를 추진한다. 이 책은 이런 과정을 4부로 나누어서 살펴보고 있다.

　1부에서는 동양사상 속에서 탈현대사회 설계를 위한 새로운 세계관을 발굴하고, 그 작업의 의미를 탐색해 보았다. 동양사상 속에는 전근대성, 근대성, 그리고 탈현대성이 혼재하고 있다. 그러나 이 책에서 주로 관심을 가지는 것은 탈현대성이며, 동양사상의 관점에서 탈현대성에 대한 연구가 어떻게 진행되고 있는지를 살펴보았다.

　2부에서는 동양사상을 토대로 탈현대의 이상적인 남녀관계를 모색해 보았다. 현대사회의 남녀관계관의 문제점을 살펴보고, 그것을 극복할 수 있는 대안을 동양사상의 지혜 속에서 발견했다.

　3부에서는 동양사상을 통해서 가족문제 해결을 위한 실마리를 찾아보았다. 현대 가족이 직면하고 있는 위기의 현실을 분석하고,

위기를 극복할 수 있는 대안을 동양사상의 가족관계관에서 얻었다. 나아가서 탈현대의 가족이 어떤 이상적인 모델을 지향해야 할 것인지에 대해서 수행 공동체라는 새로운 가족 기능을 도출하였다.

4부에서는 동양사상과 탈현대의 삶을 구상해 보았다. 현대사회의 삶의 위기를 설명할 수 있는 인문생태와 사회생태의 위기 상황을 고찰하고, 그 원인을 분석하였다. 이런 위기를 극복할 수 있는 대안을 동양사상의 세계관에서 발견하고, 탈현대의 새로운 삶의 비전을 제시했다. 탈현대의 삶의 지향은 현대적인 잘 사는 것과 어떻게 차이가 있으며, 그 모델이 어떤 것이 될 수 있는지를 장자사상에서 발견했다.

이 책은 필자 혼자만의 작업이라고 하기에는 문제의식을 키우고 동양사상을 현대적으로 해석하는 데 동양사회사상연구회 선생님들의 도움이 컸다. 1997년부터 지금까지 토요일마다 함께 경전을 읽으며, 공부하고 있다. 최근에는 불교경전 읽기와 함께 주역을 탈현대적인 관점에서 새로 쓰는 작업을 공동으로 하고 있다. 공부하는 사람으로서의 필자를 있게 해 주신 지도교수님의 권유로 처음 모임에 참석한 지가 10년이 지나고 있다. 그분들을 만나 함께 공부하고 웃는 동안 자기 학문세계를 가진 학자로 성장할 수 있었다. 돌이켜보면 공부를 열심히 한 기억도 많지만, 만나기만 하면 터지는 웃음과 즐거운 장면이 더 많이 떠오른다.

언제부턴가 삶의 중심이 되어 버린 공부모임에서 신선한 지적인 자극과 문제의식을 무한 리필 받고 있다. 동양사상을 공부한다는 것이 자신의 삶과 분리될 수 없는 것이기에 연구회 선생님들을 도반으로 모시고 생생한 수행의 현장을 체험하고 있다. 공부모임 선생님들을 생각하면 할수록 감사하다. 그리고 언제나 든든한 지지자가 되어 주는 가족에게도 지면을 빌어 감사의 마음을 전한다.

2009년 1월
쉐틱관 연구실에서 이현지

❀ 목차

제1부

동양사상과 탈현대의 설계

제1장

동양사상과 새로운 세계관의 모색

세계관은 개인과 집단이 세계를 인식하는 관점으로 각 개인과 사회가 가지고 있는 신념체계이다. 따라서 세계관은 문명, 종교, 철학 사조에 따라 다양하게 나타난다(전광식, 1995: 9). 특정 시대를 지배하는 특정 세계관은 그 시대의 사회구성원과 학문세계에 커다란 영향을 미친다. 굴드너(A. W. Gouldner)는 배후 가정(background assumptions)이 연구자의 이론구성과 연구에 처음부터 끝까지 영향을 미친다고 했는데, 이는 세계관이 학문세계에 큰 영향을 미친다는 것을 의미한다(홍승표, 2002b: 19). 세계관의 영향은 일반 사회구성원에게도 동일하게 적용된다. 세계관에 따라서, 사람들은 똑같은 사회현상에 대해 아주 다른 해석을 하기도 한다.

어느 시대에서나 창조적으로 기능할 수 있는 세계관은 없다. 기존의 세계관이 위기에 직면했을 때, 특정 세계관은 그 시대의 문제를 해결하고 새로운 시대의 비전을 제시하기 위해서 구성된다. 그러므로 동일한 세계관이 특정한 시대적 상황에서는 사회의 창조적인 변화를 가져올 수 있는 해답이 될 수 있지만, 시대 속에서 소임을 다하고 난 뒤에는 버려야 할 낡은 것이 된다. 오늘날 현대사회는 심각한 위기에 직면해 있고, 현대사회 위기의 근원에는 세계관의 위기가 자리 잡고 있다. 현대를 지배하고 있는 근대적 세계관은 한때는 활력에 넘쳤고 사회변화를 주도했지만, 이제는 물러나야 할 낡은 세계관이 되어버렸다.

1. 새로운 세계관 모색의 필요성

현대사회의 위기에 대한 논의는 새로운 것이 아니다. 존 서머빌(John Macpherson Sommerville)은 이미 오래전에 현대사회가 심각한 위기에 직면해 있다고 지적했다. 과거에는 행복한 사회가 실현되지 않더라도 사람들은 생존할 수 있었지만, 이제는 행복한 사회가 실현되지 않으면 사람들이 불행할 뿐만 아니라, 생존조차 위협받는 위기에 직면하게 된다고 그는 말한다(존 서머빌, 1988: 14).

'현대사회가 직면하고 있는 위기의 원인이 무엇인가?'에 대해서는 다양한 관점에서 논의가 이루어지고 있다. 필자는 현대사회의 위기가 세계관의 위기에서 비롯된 것이라고 본다. 근대적 세계관은 여전히 현대사회를 지배하면서, 현대사회 위기를 촉발시키는 근원으로 작용하고 있다. 오늘날 근대적 세계관은 이미 그 효용을 상실해 버렸다. 근대적 세계관은 중세 말 사회가 직면하고 있었던 심각한 사회문제를 창조적으로 비판하고 새로운 사회에 대한 비전을 제시했다. 하지만 오늘날에 이르러 근대적 세계관은 탈현대의 새로운 세계에 대한 비전을 제시할 수 없을 뿐만 아니라, 근대적 세계관의 관점에서 발전을 추구하고 달성할수록 현대사회의 위기가 심화되는 역설적인 상황에 직면하게 되었다. 현 인류는 새로운 세계관에 대한 모색을 요청받고 있다. 이렇듯, 새로운 세계관의 모색은 지금 이 시대의 피할 수 없는 사명이다.

2. 새로운 세계관 모색의 성과

　동양사상에서 탈현대의 비전을 제공할 수 있는 새로운 세계관을 모색하는 작업은 통일체적 세계관에 대한 연구로 대표된다. 통일체적 세계관이란 '시공을 초월하여 모든 존재들 간의 근원적인 통일성을 전제로 세계를 인식하고자 하는 관점'을 지칭한다. 이는 '모든 존재들 간의 근원적인 분리를 전제로 세계를 인식하고자 하는' 근대적 세계관과 상반되는 전제를 하고 있다.

　홍승표는 몽배원(蒙培元)의 정체(整體) 개념과 최봉영의 통체－부분자적 세계관을 참고하면서, 유불도의 동양사상에 대한 연구를 바탕으로 통일체적 세계관을 정립했다(홍승표, 2002b, 2007a). 통일체적 세계관에 대한 논의는 홍승표, 정재걸, 이현지 등의 연구가 대표적인 것이다. 이들은 통일체적 세계관이 현대사회와 현대학문이 직면하고 있는 근본적인 문제를 해결하고, 탈현대의 새로운 사회와 학문을 열어 가는 데 있어서 굳건한 기초가 될 수 있다고 본다.

통일체적 세계관에 대한 홍승표의 연구 성과는 「동아시아 사회사상과 새로운 사회관의 모색」(1998), 「유가의 예 사상과 규범적 질서의 문제」(1999), 「깨달음의 사회학을 위한 시론試論」(2002a), 「통일체적 세계관과 늙어감에 대한 새로운 인식」(2004), 「통일체적 세계관과 새로운 여가관의 모색」(2005), 「유가 인간관의 탈현대적 함의」(2006), 「신학문론을 위한 시론」(2007a), 「동양사상과 탈현대 대안사회의 구상」(2008a), 「동양사상과 새로운 다문화사회의 비전」(2008b) 등이 있다.

홍승표의 통일체적 세계관에 대한 논의는 정재걸과 이현지 등에게 직접적인 영향을 미쳤다. 최근 세 사람은 통일체적 세계관을 토대로 하여 탈현대사회에 대한 설계와 구체적인 실현을 위한 연구에 착수했다. '탈현대'란 무엇인가? 여기서는 '탈현대'를 'after – modern'으로 규정한다. 통상적으로 사용하는 'post – modern'이란 용어에는 '탈현대'와 '후기 근대'의 의미가 복합적으로 내포되어 있다. 이들은 근대의 문제를 극복한 근대 이후의 새로운 문명의 시기로서 '탈현대'의 의미를 명백하게 하기 위해서 'after – modern'이란 의미로 탈현대란 용어를 사용한다.[1] 이 개념은 정재걸(2006)

---

1) 정재걸, 「『논어』와 탈근대교육의 설계」, 『東洋社會思想』 제14집(동양사회사상학회 2006), p.60.

이 처음 사용했고, 이런 문제의식에 동의하는 홍승표, 이현지 등도 탈현대에 대한 논의에서 차용하고 있다.

통일체적 세계관과 관련해서 정재걸의 연구는 「유가 교육 사상의 탈근대적 의미」(1999), 「전통 교육, 근대 교육, 탈근대 교육」(2002), 「죽음교육에 대한 일 연구─화엄의 사사무애법계事事無碍法界를 중심으로」(2006), 「산수몽괘의 재해석」(2008a), 「산풍고괘의 교육학적 해석」(2008b) 등이다. 그의 연구는 특히 통일체적 세계관을 토대로 새로운 교육학을 설계하는 데 초점이 맞추어져 있다. 정재걸은 단순히 현대교육학의 문제를 지적하고 이를 해결할 수 있는 방안을 전통 교육에서 찾는 것에 머물지 않고, 탈현대의 새로운 교육을 구상하는 독창적인 작업을 했다.

정재걸이 교육학의 새로운 비전을 통일체적 세계관을 통해서 제시하고자 한다면, 이현지는 통일체적 세계관을 통해서 새로운 남녀 관계와 가족의 비전을 찾고자 한다. 「음양론의 여성학적 함의」(2001), 「탈현대적 가족 여가를 위한 구상」(2005), 「음양, 남녀 그리고 탈현대」(2006a), 「탈현대적 성역할 담론 구성을 위한 음양론적 접근」(2006b) 등이 그것이다. 이현지의 연구는 음양론에 내재해 있는 통일체적 세계관의 특징을 밝히고, 통일체적 세계관을 통해서 현대 남녀와 가족이 직면한 문제를 해결하려는 작업에 집중되어 있다.

이상의 통일체적 세계관에 대한 연구들이 갖는 의의를 정리하면 다음과 같다.

첫째, 통일체적 세계관에 대한 연구는 현대사회의 위기를 진단하고 새로운 문명 건설을 위한 비전을 제시했다. 이들은 현대사회가 직면한 위기는 세계관의 위기임을 밝히고, 통일체적 세계관을 바탕으로 하여 새로운 문명의 건설을 기획했다. 이들은 이제 더 이상 근대적 기획이 현대의 문제 해결을 위한 답을 제시해 주지 못할 것이며, 새로운 문명의 전환이 이루어져야 한다고 주장한다. 그리고 새로운 문명의 전환은 통일체적 세계관을 바탕으로 구성될 것으로 예견하고 있다.

둘째, 통일체적 세계관에 대한 연구는 새로운 학문의 패러다임을 제시하고 있다. 홍승표(2002a)는 현대 사회학이 직면하고 있는 위기가 세계관의 위기에서 비롯하고 있음을 밝히고, 통일체적 세계관의 바탕 위에서 새로운 사회학의 패러다임을 구성했다. 또한 과학을 넘어서는 새로운 학문관을 모색하고 있다(홍승표, 2007a). 홍승표는 통일체적 세계관을 통해서 개인과 사회는 서로 분리된 존재가 아니라, 하나이면서 둘이며 근원적으로는 통일체라는 점을 강조했다(홍승표, 1998: 123). 그리고 이 점에 근거해서, 기존 사회학의 개인 중심적 관점과 집단 중심적 관점의 이분법을 넘어서는 통일체적 관점에서의 새로운 사회학의 가능성을 제기했다.

정재걸은 통일체적 세계관의 바탕 위에서 탈현대의 새로운 교육학 패러다임을 구축하는 연구에 전념해 왔다. 「전통 교육, 근대 교육, 탈근대 교육」(2002)에서 학교는 지식을 배우는 곳이 아니라 진리를 체험하는 곳이 되어야 한다고 주장한다. 그리고 교육을 통한 진정한 발전은 교사와 학생의 교감을 통해서 이루어져야 한다고 한다. 즉 탈현대 교육의 본질은 무엇을 아는 것이 아니라 무엇이 되는가에 있다. 전체적으로 볼 때, 정재걸은 근대적 세계관에 바탕하고 있는 현대교육의 근본적인 문제를 제기하고, 통일체적 세계관에 바탕을 둔 탈현대교육의 의미와 의의를 적절하게 서술하고 있다.

셋째, 통일체적 세계관에 대한 연구는 탈현대의 이상적인 사회상을 제시하고 있다. 홍승표는 탈현대의 이상사회에 대한 다양한 논의를 전개했다. 유교의 예(禮) 사상에 바탕한 새로운 사회질서론(홍승표, 1999), 통일체적 세계관과 성숙으로서의 노화과정에 대한 인식 틀의 구축(홍승표, 2004), 통일체적 세계관에 바탕한 새로운 여가관의 모색(홍승표, 2005) 등이 그 대표적인 예이다.

정재걸은 통일체적 세계관의 바탕 위에서 탈현대의 이상적인 교육관을 모색해 왔다. 탈현대 교육의 전체적인 비전을 제시했으며, 화엄사상의 바탕 위에서 탈현대의 죽음교육을 형상화하는 작업을 시도했다. 이현지는 통일체적 세계관의 바탕 위에서 탈현대 가족과 이상적인 남녀관계관을 모색하는 작업에 많은 노력을 기울여 왔다. 탈현대의 가족 여가에 대한 모색(이현지, 2005), 탈현대사회에서의 이상적인 남녀관계관에 대한 연구는 남녀관계의 새로운 지평을 제공해 주었다.

3. 새로운 세계관 모색의 함의

새로운 세계관을 모색하는 연구는 학문적으로 큰 의미를 가지고 있다. 문명의 대전환기를 맞고 있는 지금 이 시점에서, 세계관에 대한 논의와 새로운 세계관에 대한 모색은 이 시대가 감당해야 할 주요한 과제이다. 하지만, 실상을 둘러보면 근대적 세계관이 여전히 인간의 의식과 사회에 지배적인 영향력을 행사하는 가운데 새로운 세계관에 대한 논의는 빈곤하기 짝이 없다. 이런 상황에서, 동양사회사상학회는 위에서 살펴본 바와 같이 세계관과 관련한 논의를 활발하게 전개해 왔다.

새로운 세계관을 모색하는 연구는 그 독창성을 높이 평가할 수 있다. 새로운 세계관을 모색하는 연구자들은 서구적인 학문 수련과정을 밟아 왔다. 이들은 한때 급진적인 마르크스주의자였거나, 페미니스트였으며, 또는 사회학의 실증적인 연구방법론에 충실한 연구자들이었다. 그랬던 이들이 자신들의 지적인 굴레를 벗고 동양사상을 토대로 새로운 세계관을 모색한다는 것은 쉬운 일이 아니었다.

더군다나 서구적인 학문 동향을 맹목적으로 추종하는 경향이 심한 한국사회의 학문적인 풍토에서 이들의 작업은 많은 곤란을 내포하고 있었다. 그러나 이들은 학문공동체를 형성하고, 이를 울타리로 해서 그들의 창의적인 문제의식을 꽃피웠다. 이들의 작업은 매우 독창적인 작업임은 물론이고 세계 사회학의 새로운 지평을 열어 가는 창의적인 것이다. 현대사회에서 동양사상을 토대로 한 새로운 세계관을 모색하고자 하는 연구 작업이 갖는 함의를 정리하면 다음과 같다.

첫째, 동양사상을 바탕으로 한 세계관 연구는 새로운 사회와 문명을 모색하는 데 기여하는 바가 크다. 생태계의 붕괴와 환경오염, 인간관계의 약화와 악화, 집단 간 갈등의 증대, 인간 소외의 심화 등으로 표현되는 현대사회의 위기는 점점 고조되고 있다. 현대사회가 직면하고 있는 위기의 근원에는 현대사회를 지배하고 있는 세계관인 근대적 세계관이 자리 잡고 있다. 현재 인류는 새로운 사회와 문명을 모색해야 하며, 이 작업을 위해서는 새로운 세계관의 구성이 선행되어야 한다. 동양사상에 바탕한 세계관 연구는 바로 이런 맥락에서 새로운 사회와 문명 건설의 기초가 될 수 있는 새로운 세계관을 제공함으로써 인류 문명의 발전에 기여할 수 있다.

동양사상은 탈현대의 새로운 세계관을 구상하는데, 오래되었지만 창조적인 대안을 제공해 줄 수 있다. 동양사상에서는 사회라는 용어를 사용하지 않았지만, 인간과 인간, 인간과 자연을 이해하는데 통일체적 세계관을 내포하고 있다. 통일체적 세계관은 모든 존재를 분리된 것으로 인식함으로써 발생하는 현대사회의 문제를 해결할 수 있는 세계관적 기초가 될 수 있다.

둘째, 동양사상을 바탕으로 한 세계관 연구는 새로운 사회학이론 구성과 사회연구의 발판이 될 수 있다. 예를 들어, 홍승표는 통일체적 세계관에 바탕하여 '깨달음의 사회학'을 구성했다. '깨달음의 사회학'은 현대 사회학의 한계를 극복하고 탈현대사회를 설계하는 새로운 사회학 패러다임이다. 이현지는 음양론적 세계관을 토대로 남녀관계관 연구와 가족 연구를 수행했다. 음양론적 남녀관계관 연구와 가족 연구는 현대 여성학의 관점을 비판하고, 새로운 남녀관계관을 연구하며, 새로운 가족모델 구성에 기여했다.

제2장

유교사상과 탈현대의 모색

　근대화 이후 한국사회에서 유교 연구는 다양한 입장에서 전개되어 왔다. 유교 연구의 입장은 크게 세 가지 범주로 나눌 수 있다. 첫째, 유교의 전근대성에 대한 연구이다. 유교문화를 근대화의 걸림돌로 간주하고, 청산해야 할 과거 유산으로 유교를 연구한다. 둘째, 유교의 근대성에 대한 연구이다. 동아시아사회가 급속한 근대화를 달성할 수 있었던 이유를 유교 속에서 찾고자 하는 연구이며, 근대 친화적인 유교의 측면을 연구한다. 셋째, 유교의 탈현대성에 대한 연구이다. 유교 속에는 현대사회가 직면한 다양한 사회문제를 해결할 수 있는 답이 있다는 관점에서 유교를 연구한다. 이와 같

이 기존의 유교 연구에는 유교의 전근대성, 근대성, 탈현대성에 대한 고찰이 공존하고 있다.[2)]

유교의 전근대성과 근대성에 대한 연구는 그 연구가 이루어지던 시대의 요청에 충실한 것이었다. 그러나 탈현대사회의 비전을 제시해야 하는 오늘날, 유교 연구는 유교가 탈현대사회의 건설에 어떻게 기여할 수 있을 것인가에 초점이 맞추어져야 한다. 탈현대사회가 어떤 사회원리로 구성되어야 할 것인지, 그러한 사회원리를 위해서 유교가 어떤 이론적인 토대를 제공해 줄 수 있는지에 대한 연구가 요구된다.

1. 근대와 탈현대의 인간관

1) 근대적 인간관과 문제점

"인간이란 어떤 존재인가?" 하는 물음에 대해서, 시대와 사회에 따라서 다양한 대답이 있어 왔다. 이 물음에 대한 근대의 전형적인 대답은 인간이란 '이성적인 존재', '자신의 욕망을 추구하는 이기적인 존재', '노동하는 존재'라는 것이다. 근대사회는 중세와 달리 인간을 영적인 존재에서 벗어나서 세속적인 존재로 규정한다. 인간의 이성을 강조하는 근대적 정신 또한 영적인 존재로서의 인간에 대한 이해는 간과하고 있다.[3)]

---

2) 최영진, 『유교사상의 본질과 현대성』(성균관대학교 동아시아학술원 2003), p.4.

근대 인간관은 인간을 금욕적이고 종교적인 존재로부터 욕망을 긍정하고 스스로의 이성을 실현하는 존재로 재탄생시켰다. 힐쉬베르거(Johannes Hirschberger)가 지적하듯이, 근대의 정신은 중세와는 완전히 다른 철학의 문제를 제기했다. 자유와 독립에 대한 의식적인 추구와 다양한 영역에서의 분열이 발생했다.[4] 이런 근대적 토양 위에서 과학의 발전과 철학적 관심의 확장이 일어났다. 근대적 인간은 스스로 사고하고 주체적인 존재로서 세계와 만난다. 중세와 달리 근대에 이르면, 인간은 자연과 운명을 극복의 대상으로 인식한다. 데카르트(Rene Descartes)에 이르면, 이성을 진리에 도달하는 하나의 길로 규정하고, 신의 지배를 받아들이는 것이 아니라 이성에 의지하여 신을 알기 위한 인식론을 발전시키는 데에 이른다.[5]

근대적 통치이념의 근간을 제공한 마키아벨리(Nicclo Machiavelli)는 인간을 이기적이고 물욕에 가득 찬 존재로 규정한다. 그는 "인간은 본래 은혜를 모르고, 변덕이 심하며, 위선자이면서 기만에 능하고, 염치를 모르며, 몸을 아끼고, 물욕에 눈이 어두운 속물들이다."[6]라고 한다. 그는 인간이 악한 존재라고 확신하면서 자신의 근대적 정치학을 설계했다. 이런 마키아벨리의 인간관은 도덕과 정치의 분리를 초래했고, 인간을 비인간화했다. 그는 군주가 정치를 잘하기 위한 원칙으로 먼저, 인간이 악하다는 것을 알아야 한다고 했다. 군주는 자신을 잘 보전하려면 악인이 되거나 악인으로 행동

---

3) 홍승표, 「유가 인간관의 탈현대적 함의」, 『동양사회사상』 제13집(동양사회사상학회 2006), p.118.

4) Hirschberger, Johannes, 강성위 옮김, 『서양철학사 下』(이문출판사 1999), p.35－37.

5) Descartes, Rene, 최명관 역저, 『방법서설·성찰·데까르트 연구』(서광사 2004), p.161－162.

6) Machiavelli, Nicclo, 정영하 옮김, 『군주론』(산수야 2005), p.138.

하는 것을 배워야 하고, 선과 악 및 법과 폭력 사이에서 분명한 조치를 취해야 한다고 지적했다.[7] 마키아벨리의 이러한 인간관은 이기적인 존재로서의 인간이라는 근대적 인간관 형성에 밑바탕이 되었다.

근대의 설계자 가운데 대표적인 한 사람인 프란시스 베이컨(Francis Bacon)의 인간관은 '사적인 선'과 '특수한 선'에 대한 설명에서 잘 나타난다. '사적인 선'과 '특수한 선'은 "…… 모든 사물에 [양면 처럼] 함께 하지만, 특히 생물에 내재하는 두 종류의 욕망에서 가장 잘 드러난다. 하나는 자신을 보존하고 유지하려는 욕망이요. 다른 하나는 자신을 확장하고 확대하려는 욕망이다. …… 살아가는 동안 인간의 영혼은 단순한 쾌락에 머물기보다, 그의 욕망에 훨씬 확고하게 정립된 무엇인가를 능동적으로 실현하기 위해 심혈을 기울인다."[8] 베이컨은 인간 본성을 욕망하는 존재라고 생각했다.

그래서인지 베이컨의 이상사회인 '새로운 아틀란티스'는 물질적으로 풍요로운 사회이다. 인간이 가진 욕구와 욕망을 충분히 충족시켜 주는 풍요로운 벤살렘 왕국을 이상으로 그리고 있다.[9] 베이컨이 시도한 사회변화와 혁명의 목표는 도덕국가의 건설이 아니라, 과학이 발달하고 물질적으로 풍요로운 나라를 건립하는 것이었다. 베이컨은 중세의 문제를 극복해야 하는 시대적 사명에 부응하는 지식인으로서의 역할을 다했다. 그의 과학적 학문관은 중세의 잔재를 폐기하고 과감하게 근대를 향해서 도약하는 데 결정적인 설계

---

7) Hirschberger, Johannes, 강성위 옮김, 『서양철학사 下』(이문출판사 1999), p.105 - 106.
8) Bacon, Francis, 이종흡 옮김, 『학문의 진보』(아카넷 2004), p.363 - 364.
9) Bacon, Francis, 김종갑 옮김, 『새로운 아틀란티스』(에코리브르 2002), p.89.

도가 되었다.

그러나 근대 인간관은 이제 그 효용을 다했다. 나아가서 근대 인간관은 오늘날 다음과 같은 문제점을 갖게 되었다.

첫째, 근대 인간관은 인간소외를 야기한다. 근대 인간관은 인간이 이기적 존재라고 전제한다. 인간은 이기적인 존재이기 때문에 자기중심적이고 자신의 욕망에만 전념을 다한다고 한다. 인간에게 이런 측면이 있는 것은 사실이다. 그러나 인간이 이기적인 존재라고 전제하게 되면, 자신의 욕망만을 추구하는 것을 당연시하게 되고, 자신의 작은 자아를 넘어서 광대한 자기의 바다에 이르는 것은 근원적으로 불가능하게 된다. 그리하여 인간이 이기적인 존재라는 관점은 필연적으로 인간소외를 야기한다.

둘째, 근대 인간관은 총체적인 인간이해를 방해한다. 근대 인간관은 인간이 가지고 있는 세속적인 측면을 인간의 전체 모습이라고 인식한다. 그러나 인간에게는 세속적인 존재의 차원을 넘어서는 영적인 존재의 차원이 있다. 인간은 자신의 이익이나 편안함보다 상대방의 필요와 도움에 더 민감하게 반응하기도 하고, 이런 세속적인 기준과 성취를 넘어서서 '도(道)'를 즐기고 존재 차원을 확대하는 일에 더 관심을 가지기도 한다. 그것은 인간 존재가 세속적인 차원에 머물러 있지 않기 때문에 가능하다. 근대 인간관이 바라보는 인간은 인간의 한 면에 불과하다. 하지만 인간의 일면을 인간의 모든 모습으로 전제하게 되면, 인간에 대한 총체적인 이해는 근원적으로 불가능하게 된다.

셋째, 근대 인간관은 잘못된 삶의 이정표를 제시한다. 인간관에 따라서 삶의 최종 목표는 달라진다. 근대 인간관은 인간을 이성적인 존재, 욕망충족적인 존재, 이기적 존재, 노동하는 존재로 규정한다. 인간을 이성적인 존재로 규정하면, 이성의 실현이 삶의 목표가 된다. 인간을 욕망충족적인 존재로 규정하면, 끊임없이 솟아나는 욕망을 충족하는 것이 삶의 목표가 된다. 그리고 인간을 이기적인 존재로 인정하면, 자신의 이익을 잘 달성하고 손해 보지 않는 것이 삶의 목표가 된다. 인간을 노동하는 존재로 전제하면, 노동을 통한 자기실현이 목표가 된다. 그러나 이성의 실현, 욕망의 충족, 이기적 관계, 노동을 통한 성취는 인간 삶의 목표가 아니다. 그것은 인간 삶의 목표인 인간답고 행복한 삶을 위한 도구일 수는 있지만, 그 자체가 목표가 될 수 있는 것은 아니다. 즉 근대 인간관은 궁극적인 인간다움에 이르기 위한 수단과 목표 간의 전도 문제를 야기한다.

2) 유교의 탈현대적 인간관

유교는 어떤 인간관을 가지고 있을까? 그리고 유교 인간관은 탈현대를 설계하는 데 어떤 기여를 할 수 있을까? 유교에는 인간 본성을 선한 존재로 보는 입장도 있고, 악한 존재로 보는 견해도 있다. 그러나 도덕적 본성에 초점을 맞추었던 맹자나 생리적 본성에 초점을 맞추었던 순자는 서로 대척하기만 했던 것이 아니다. 맹자는 인간의 생리적 본성을 인정했고, 순자도 인간의 도덕적 본성의 잠재력을 인정하고 있다.[10]

---

10) 황의동, 『유교와 현대의 대화』(예문서원 2002), pp.73 - 74.

논어 「里仁」 편에는 인간 욕망에 대한 유교의 입장이 잘 드러나는 구절이 있다. "부와 귀함은 사람들이 구하고자 하는 것이나 그 정상적인 방법으로 얻지 않으면 처하지 않아야 하며, 가난과 천함은 사람들이 싫어하는 것이나 그 정상적인 방법으로 얻지 않았다 하더라도 버리지 않아야 한다. 군자가 인(仁)을 떠나면 어찌 이름을 이룰 수 있겠는가? 군자는 밥을 먹는 동안이라도 인을 떠남이 없으니, 경황 중에도 이 인에 반드시 하며, 위급한 상황에도 이 인에 반드시 하는 것이다."[11]

이 구절을 통해서 공자는 인간의 욕망 추구를 긍정하지만 그것이 도(道)와 합치해야 함을 강조하고 있다. 그리고 욕망을 긍정하면서도 인간의 삶에는 욕망을 충족시키는 것보다 더 높은 경지가 있음을 말한다. 유교의 근대성에 주목할 경우, 근대적 인간관과 마찬가지로 유교 또한 인간의 욕망을 긍정하고 있다는 점에 초점을 맞출 수 있다. 인간의 욕망을 긍정하는 유교의 인간관이 근대화를 추진하는 동력으로 작용했다고 평가할 수 있다. 그러나 유교 인간관이 가지고 있는 함의는 여기에 그치는 것이 아니다. 근대적 성취로 인해서 발생하는 문제를 해결할 수 있는 새로운 관점이 유교에 내재해 있다.

유교는 인간 본성이 하늘에 맞닿아 있다고 보았다. 유교는 근본적인 인간 긍정에서 출발한다. 논어 「衛靈公」 편에는 다음과 같은 구절이 있다. "사람이 도를 넓히는 것이요, 도가 사람을 넓히는 것은 아니다."[12] 즉 유교의 도는 사람 밖에 있는 것이 아니며, 이것

---

11) 『論語』, 「里仁」, "富與貴, 是人之所欲也, 不以其道得之, 不處也. 貧與賤, 是人之所惡也, 不以其道得之, 不去也. 君子去仁, 惡乎成名? 君子無終食之間違仁, 造次必於是, 顚沛必於是."

은 유교가 그만큼 인간 도리를 중시하고 가능성을 높이 평가하고 있다는 것이다. 유교는 어떤 절대자에 의지하기보다는 인간 스스로의 노력을 중시하고 능력을 인정하는 인본주의의 입장을 취하고 있다.

이와 같은 유교의 인간관은 근대 인간관이 가지고 있는 문제점을 극복하는 데 있어서 다음과 같이 기여할 수 있다.

첫째, 유교 인간관은 인간의 욕망을 인정하지만, 인간을 자신의 욕망에 집착하는 이기적인 존재로만 보지는 않았다. 유교에서 인간이 도달해야 할 궁극적인 목표는 인(仁)의 실현이다. 그러므로 유교는 근대적 인간관을 받아들일 때 발생하는 욕망의 노예로서 자신의 이익에만 집착하는 인간의 모습을 넘어서는 탈현대적인 인간상을 제시할 수 있다. 욕망에 대해서, 유교는 금욕주의나 쾌락주의가 아니라, 욕망을 긍정하되 욕망의 노예가 되지는 않는 절욕의 이상을 제시하고 있다. 유교는 인간이 욕망을 절제할 수 있는 능력을 소유하고 있다고 본다. 그리고 인간에게는 욕망을 충족시키는 것보다 더 높은 삶의 목표가 있다고 본다.

둘째, 유교는 도덕적 본성을 갖춘 총체적 인간관을 제시할 수 있다. 유교는 사회적 지위의 획득이나 부의 추구 등 세속적인 성취에 대해 긍정적인 입장을 갖고 있다. 동시에 유교에서는 도덕적 본성의 실현을 중시한다. 유교에서는 인간이 도덕적 본성을 실현하는 것과 세속적인 성취를 이루는 것이 상관되어 있다고 인식한다.[13) 즉 유교는 인간의 사회적인 성취욕구와 자신의 욕망을 긍정

---

12) 『論語』, 「衛靈公」, "人能弘道, 非道弘人."

13) 홍승표, 「유가 인간관의 탈현대적 함의」, 『동양사회사상』 제13집(동양사회사상학회 2006),

하는 가운데 초월적 존재로서의 가능성도 인정하고 있다. 이리하여 유교는 현실로부터 벗어나는 것이 아니라, 철저하게 현실에 발을 딛고 도덕적 본성을 실현해 나가는 총체적 인간관을 제시한다.

셋째, 유교 인간관은 수행을 통해 도(道)를 실현하는 것을 삶의 목표로 설정한다. 유교는 인간의 선한 본성이 사욕에 가려지지 않도록 하기 위해서 '거경(居敬)'을 강조하고 있다.[14] 인간 본성에 대한 긍정과 함께 존재 차원을 상승시키기 위한 끊임없는 수양을 통해서 진정한 인간의 자기실현이 가능하다고 본다. 근대사회에서는 욕망이 마치 자신의 마음이라고 생각하고 그것에 집착한다. 욕망은 분명히 존중해야 할 나의 일부이지만, 그것을 부리지 못하고 노예가 되면 인간 본성마저 상실하게 된다. 그러므로 유교 인간관에서 제시하는 수행을 통한 도의 실현은 탈현대적인 삶의 목표가 될 수 있다.

2. 근대와 탈현대의 관계관

1) 근대 관계관의 문제점

근대의 관계관은 모든 존재들의 근본적인 분리와 독립을 전제로 하고 있다. 근본적으로 분리·독립된 존재들의 관계맺음은 적대적

---

p.139.

14) 이상린, 「유교 수양론과 탈현대」, 최석만 외, 『탈현대와 유교』(전남대학교 출판부 2007), p.167.

대립관계로 나타난다. 근대 사상은 전근대사회의 문제점을 극복하고자 '자유', '평등', '인권' 등을 토대로 새로운 패러다임을 기획하였다. 그 결과 전근대사회의 사회문제였던 '부자유', '불평등', '인권 경시' 등이 근대사회에 이르러 상당히 해결되었다. '자유', '평등', '인권' 등의 근대적인 가치들은 근대적 세계관을 토대로 하고 있다.

분리·독립된 존재로서 인간에 대한 이해는 로크(John Locke)의 다음 구절에 잘 나타난다. 로크는 "인간은 본래 모두 자유롭고 평등하고 독립된 존재이므로, 어떤 인간도 자신의 동의 없이 이러한 상태를 떠나서 다른 사람의 정치권력에 복종할 수 없다."[15]고 한다. 그에 의하면, 인간의 권리와 자유는 인간이 본래 자유롭고 평등하며 독립적인 존재이기 때문에 가능하다.

인간과 자연의 분리·독립에 대한 인식은 데카르트의 주장에서도 살펴볼 수 있다. 모든 존재의 근원적 분리를 가정하는 데카르트는 영혼이 신체로부터 독립된 것이라고 인식하는 이원론을 주장했다. 그는 인간과 자연 또한 분리된 관계로 규정하고, 자연을 인간이 극복해야 할 대상이며 지배의 대상으로 본다. 생각하는 존재로서의 인간과 생각되는 대상으로 자연을 구분하고 있다.

루소(Jean Jacques Rousseau)는 분리·독립된 개체로서의 인간에 대한 이해를 바탕으로 사회계약론을 발전시켰다. 그는 전체 의사인 일반의지에 의한 공의가 실현되는 정치를 이상으로 제안했다.[16] 당시의 신분적 속박과 남녀차별을 비롯한 불평등한 사회문제를 극복하고자 했다. 그의 시도는 일정 정도 시대적 문제를 해결하는 데

---

15) Locke, John, 강정인·문지영 옮김, 『통치론』(까치 2005), p.93.
16) Rousseau, Jean Jacques, 정영하 옮김, 『사회계약론』(도서출판 산수야 2005), p.58.

기여했다. 그러나 그의 사회계약론은 그가 이상으로 제시하는 공의가 실현되는 정치체제 확립에 기여하기보다는, 분리·독립된 개인의 이익을 전제로 하는 균형과 견제의 근대적 사회관계를 형성하는 데 바탕이 되었다.

분리·독립된 존재를 전제로 하는 관계관은 갈등과 투쟁의 관계양상을 조장한다. 홉스(Thomas Hobbes)는 "자연 상태에서 인간은 만인에 대한 만인의 투쟁 상태"[17]에 이르게 된다고 한다. 그는 "인간은 본질적으로 이기적이고, 자기 생명을 보호하기 위해서는 어떤 일도 할 수 있는 준비가 되어 있으며, 때때로 공격적이고 파괴적인 행위도 서슴지 않을 반사회적인 성격을 지니고 태어난 존재"[18]라고 말한다. 그는 "동일한 물건을 동시에 두 사람이 가지고 싶을 때, 서로 향유할 수 없으면 적이 된다."[19]고 했다. 홉스는 인간 본성이 이기적이기 때문에, 적대적으로 대립하는 인간관계가 자연 상태에서 불가피하다고 보았다.

다윈(Charles Darwin)의 적대적 대립관은 자연세계만이 아니라, 인간세계에 대한 이해에도 직접적인 영향을 미쳤다. 진화론적 관점에서 보면, 인간은 유한한 자원을 차지하기 위해서 무한한 생존투쟁에 직면한다. 약육강식, 자연도태, 적자생존의 원리는 인간관계에도 그대로 적용된다. 진화론은 이와 같은 대립물 간의 경쟁과 투쟁, 그리고 갈등을 통해서 발전이 가능하다고 본다.[20]

---

17) Hobbes, Thomas, 김용환 옮김, 『리바이던』(살림출판사 2005), p.65에서 재인용.
18) 위의 책, p.64에서 재인용.
19) 위의 책, p.65에서 재인용.
20) 이현지, 「음양론의 여성학적 함의」, 『동양사회사상』 제4집(동양사회사상학회 2001), pp.259 - 260.

위에서 살펴본 근대 관계관은 다음과 같은 문제점을 가지고 있다.

첫째, 근대 관계관은 모든 관계의 파괴를 초래한다. 근대 관계관은 자기 이익을 추구하는 분리·독립된 개체의 결합을 전제로 하고 있다. 이기적인 개체가 구성하는 가족관계, 부부관계, 국가관계는 자신의 이익이 충족되지 않으면 관계가 파괴된다. 근대 관계관의 영향으로 현대사회의 모든 관계는 이해관계에 따라서 쉽게 파괴되는 경향이 있다.

둘째, 근대 관계관은 관계에서 인간소외를 증대시킨다. 근대 관계관은 분리·독립된 개체들 간의 투쟁과 갈등을 자연스런 관계의 양상으로 간주한다. 뿐만 아니라 투쟁과 갈등이 관계에서 발생하는 문제를 해결하는 방법이라고 본다. 그러나 투쟁과 갈등은 종국에는 관계에서 소외를 야기한다. 투쟁과 갈등을 경험하는 과정에서 자기 안에 존재하는 '아름다운 자기'는 억압되고 잊힌다.

셋째, 근대 관계관은 현 시대의 요구에 부응하는 관계관의 모델을 제시해 주지 못한다. 근대 관계관은 전근대사회에서 발생하는 불평등하고 부자유스러운 관계 문제를 해결하는 데는 유용한 도구가 되었다. 그러나 근대 관계관은 오늘날 현대사회가 직면하고 있는 관계 파괴의 문제의 근원으로 작용하고 있기에, 이를 해결하기 위한 관계 모델을 제시하는 것은 원천적으로 불가능하다.

2) 유교의 탈현대적 관계관

유교의 관계관은 통일체적 세계관을 바탕으로 하고 있다. 통일체적 세계관에서 대립물들은 분리·독립된 존재가 아니라, 통일체적인 특징을 가지고 있다. 통일체적 세계관에 바탕한 전형적인 관계관은 대대적(對待的) 대립관이며, 대대적 대립관이 가장 잘 드러나는 것은 음양론(陰陽論)이다. 음양은 서로 대립하지만 적대적인 관계가 아니다. 음양은 상생(相生)과 상성(相成)의 관계이다. 음이 없으면 양이 있을 수 없고, 양이 없으면 음이 있을 수 없다. 대립물은 각각의 존재의 근거가 된다. 또 서로의 존재 속에는 상대가 내포되어 있다.[21] 우리가 맺는 수많은 관계는 이런 통일체적인 관계를 바탕으로 하고 있다.

유교사상은 나(我)와 사회를 분리된 것으로 보지 않는다. 나의 확장으로서의 가(家)와 국가를 인식한다. 가족과 국가를 위한 자기 희생은 집단을 위한 개인의 희생이 아니라, 나의 실현 및 확장을 위한 과정이다. 즉 나에 대한 인(仁)을 세상으로 확대하는 과정을 의미한다. 유교에서 사회는 유기적으로 연결된 하나의 통일체이다.

최석만(2007)은 이런 유교적인 세계 인식원리가 개인중심사회와는 다른 시간관을 내포하고 있다고 한다. 내가 태어나서 죽는 순간까지로 나의 삶이 한정되는 것이 아니라, 내가 속했던 가족이 존속하는 한 나의 존재는 장기적으로 지속되는 것이다. 이것은 서구의 합리적 선택이론에 의한 즉자적 보상을 넘어서는 장기적인 사회적 안정성을 제공해 준다. 유교문화권에서 자녀를 위한 부모의 헌신이 가족문화로 나타나는 것도 바로 이런 까닭이다.[22]

---

21) 이현지, 「對待的 對立觀과 사회생태학의 새로운 패러다임」, 『철학논총』 제49집 제3권(새한철학회 2007), p.283.

22) 최석만 외, 「탈현대 시대의 보편적 세계인식 원리로서의 동양의 가家」, 『탈현대와 유교』(전남대학교 출판부 2007), p.55.

주역 「重澤兌」괘에는 이런 구절이 있다. "상에 말하기를 걸린 못이 태니, 군자가 본받아서 벗들과 강습하나니라."[23] 여기서 걸린 못이란 두 못이 붙어 있으면서 서로 물을 윤택하게 해주는 것을 말한다. 서로 번갈아 침윤해서 서로 불어나고 유익해지는 모습을 가리킨다. 이것을 보고 군자가 공부함에 있어서 벗들과 함께 서로의 발전을 도모하고 유익함을 얻었다고 한다.[24] 이택(麗澤)은 두 개 연못이 같이 마주하면서, 대립물이 서로를 불어나고 더하게 하는 것이다. 이것은 대대(對待)로서의 관계를 잘 보여 준다.

이와 같은 대대적 유교 관계관에는 대립물 간의 이해관계의 반목이나 갈등은 존재하지 않는다. 『中庸』에는 "만물이 함께 길러져 서로 해치지 않으며, 도(道)가 함께 행하여 서로 위배되지 않는다. 작은 덕(德)은 냇물의 흐름이요. 큰 덕은 화(化)를 도타이 하니, 이는 천지가 위대함이 되는 것이다."[25]라는 구절이 있다. 이 구절은 유교 관계관이 상대에 대한 존중과 상호 조화를 이상으로 하고 있음을 보여주고 있다.

조화는 대립물 간의 독자성을 전제로 한다. 음과 양은 각각 다른 성질을 가지고 있다. 그러나 이 다름은 양자 간의 조화를 가능하게 한다. 유교에서는 대립물 간의 창조적인 관계방식은 교감(交感)을 통해서 이루어진다. 교감이란 마주 보고 있는 두 존재가 서로 느껴서 하나의 마음이 되는 것을 말한다. 교감은 깊이 이해하는 것이며, 바로 사랑이다. 교감을 통해서 경험하는 조화로운 관계

23) 『周易』, 「重澤兌」, "象日 麗澤 兌 君子以 朋友講習."
24) 김석진, 『주역 下』(대유학당 1997), p.1241.
25) 『中庸』, "萬物竝育而不相害 道竝行而不相悖 小德川流 大德敦化 此天地之所以爲大也."

는 서로의 독자성을 인정하고 자율성을 존중한다. 서로의 개성을 꽃피우는 데 방해하지 않지만, 상호 영향을 미치고 서로를 발전시켜주는 관계이다. 나의 개성을 상대방에게 강요하지 않고 상대방의 특징을 억압하지도 않는다.

남녀의 관계를 예로 들어 보면, 남성적 기질과 여성적 기질은 독자적인 영역으로 각각 존중받는다. 남성이 여성다워지기를 강요받지도 않고, 여성이 남성다워지기를 강요하지도 않는다. 남성은 남성적 기질을 발휘하고 여성은 여성적 기질을 발휘하는 것을 통해서 서로의 삶에 도움을 준다. 남성과 여성은 다르지만, 다른 개성을 가지고 있기 때문에 교감할 수 있고, 삶에서 조화를 추구할 수 있다.

이와 같은 유교 관계관은 근대 관계관이 직면하고 있는 문제점을 해결해 줄 수 있는 다음과 같은 함의가 있다.

첫째, 유교 관계관은 상생과 상성의 관계관을 제시해 준다. 근대 관계관은 적대적 대립과 반목의 관계관이다. 그러므로 근대적 관계관을 수용하면, 갈등과 투쟁의 관계만이 부각된다. 갈등과 투쟁의 관계에서는 상대를 누르고 승리를 쟁취해야 한다. 대립물들이 서로를 존중하고 서로를 키워 줄 여지는 없어진다. 그러나 유교 관계관은 상생과 상성의 관계가 가능하다. 상대를 죽이는 것이 아니라, 살려주고 키워주는 관계가 가능하다. 상대의 발전이 나의 발전에 긍정적인 영향을 미치고 관계의 발전을 초래한다. 그러므로 대립물간에 건강한 관계를 형성할 수 있다. 적대적 대립관계에서는 관계자체가 파괴적이고 소외를 야기하는 원인으로 작용하지만, 유교 관계관은 상호발전의 기회를 제공해주는 창조적인 관계관이다.

둘째, 유교 관계관은 관계를 맺는 개체가 스스로 주인이 될 수 있는 관계관이다. 근대적 관계관은 관계에서 주종의 관계가 나누어지고, 종의 위치에 처하게 되면 지배와 억압을 경험하게 된다. 그러나 유교 관계관에는 주종이 따로 없다. 관계에 참여하는 개체가 모두 주체적인 역할을 담당할 수 있고, 독자적인 주체로서 존중받는다. 그러므로 관계에서 어떤 개체도 소외되지 않는다.

셋째, 유교 관계관은 탈현대적 관계 모델을 제공해 준다. 유교 관계관의 이상적인 모델은 사랑과 조화의 관계이다. 근대 관계관의 영향을 받은 현대사회에서 모든 관계는 파괴적인 양상을 보이고 있다. 인간에게 가장 친밀하고 1차적인 관계인 가족마저도 욕망을 충족시키는 도구로 추락하고 있다. 이와 같은 관계의 파괴는 사람들을 고통으로 몰아가고 있다. 그러나 근대 관계관은 현실적인 해답을 제시해 주지 못하고 있다. 근대 관계관의 문제 해결방법인 투쟁을 통해서 아무런 해답도 얻을 수 없다. 관계의 문제가 더욱 심각해지는 결과를 초래할 뿐이다. 반면 유교 관계관은 이런 문제를 해결할 수 있는 사랑과 조화의 관계관을 제공해 주고 있다.

3. 유교사상의 탈현대적 함의

왜 유교의 탈현대성에 관심을 가지는가? 현대사회는 심각한 위기에 직면하고 있고, 위기의 근원은 바로 근대적 세계관이다. 그러므로 현대사회의 위기를 극복하고 새로운 문명을 건설하기 위해서는 탈현대적인 새로운 세계관의 모색이 절실히 필요하다. 유교는 바로 이런 작업을 수행하는 데 사용할 수 있는 풍부한 자원을 내포하고 있다. 바로 이것이 유교의 탈현대성에 관심을 기울이는 이유이다.

그렇다면, 현대사회의 세계관적 토대인 근대적 세계관의 문제는 무엇인가? 그것은 근대적 세계관이 이미 역사 속에서 자신의 소임을 다하였으며, 더 이상 이 시대의 문제를 해결하고 좋은 사회를 만드는 데 기여할 수 없다는 점이다. 그러나 현대인들은 마치 근대적 세계관만이 유일한 세계관인 것처럼 인식하고 근대적 세계관을 토대로 현대사회의 문제를 해결하려고 노력한다. 그러나 그 노력은 문제해결을 가져다주지 못한다. 왜냐하면 현대사회가 직면한 문제의 많은 부분은 근대적 세계관에 바탕한 발전 추구의 결과물이기 때문이다. 현대사회의 문제를 해결하기 위해서는 근대적 세계관을 넘어서는 탈현대적인 세계관의 모색이 필요하다. 우리는 그 해답을 유교에서 찾을 수 있다.

탈현대사회는 어떤 사회일까? 탈현대사회는 근대사회의 성과를 전면적으로 부정하는 사회는 아니다. 탈현대사회는 근대의 성취를 인정함과 동시에 근대가 직면하고 있는 자기모순적인 문제를 극복할 수 있는 대안이 요구되는 사회이다. 탈현대사회에서 간과할 수 없는 근대의 성취는 과학의 발전으로 인한 인간 삶의 변화일 것이며, 버려야 할 것은 문제의 발원이 되고 있는 근대 세계관이다. 탈현대사회는 근대가 이루어 놓은 물질적인 풍요를 토대로 하는 사회이지만, 더 이상 생산과 일(직장)이 중심이 되는 사회가 아니다. 탈현대사회는 여가와 가족이 중심이 되는 사회이다.[26]

근대화의 과정에서 최대의 관심사는 생산량의 증대였다. 그러나 탈현대사회에서는 얼마나 생산하느냐가 중요한 것이 아니라, 생산물을 어떻게 소비하고 인류가 함께 공유하느냐에 관심을 가져야 한다. 만약 근대적 관심을 벗어나지 못하고 더 많은 생산을 위한 노력을 기울이게 되면, 인류는 큰 불행을 맞이하게 될 것이다. 그러므로 탈현대사회에서는 근대사회와 다른 새로운 세계관이 요구된다.

유교는 탈현대사회의 설계를 위해서 어떤 기여를 할 수 있을까? 유교는 현대사회의 위기를 극복하고 새로운 문명 건설의 초석이 되는 탈현대의 새로운 세계관을 구축하는 데 있어서 다음과 같은 의미를 갖고 있다.

첫째, 유교는 탈현대적인 인간관을 제공할 수 있다. 근대 인간관에서는 인간을 세계와 근원적으로 분리된 존재로 가정하며, 욕망의 주체로서의 인간을 집중적으로 조명한다. 이에 반해서, 유교는 영원한 시간과 무한한 공간을 향해서 열려 있는 존재로 인간을 인식하며, 인간의 다양한 층을 포괄적으로 수용한다. 또한 인간의 욕망 추구를 긍정하지만 욕망을 궁극적인 추구의 대상으로 삼지 않으며, 인간의 자기완성을 위한 끝없는 수신의 노력을 격려한다.

둘째, 유교는 탈현대적인 관계관을 제공할 수 있다. 근대의 적대적 관계관이 팽배함으로 인해서, 현 지구상에는 모든 관계의 파탄이 심화되고 있다. 최근 정보통신 혁명의 결과로 지구촌이라고 불릴 만큼 세계는 가까워졌고, 이에 따라서 상이한 민족과 인종, 지

---

26) 이현지, 「탈현대적 가족 여가를 위한 구상」, 『동양사회사상』 제12집(동양사회사상학회 2005), p.163.

역과 종교가 평화적으로 공존하고 공영하는 문제가 어느 때보다 중요해졌다. 그러나 근대의 적대적 관계관으로는 이런 시대의 요구를 충족시킬 수 없다. 화(和, 어울림)는 유교의 핵심 사상이며, 화의 전제로서 유교는 상대편에 대한 근본적인 존중과 존경의 정신을 강조한다. 그리고 이런 유교적인 관계관은 음양론의 대대적 대립관 속에 잘 압축되어 있다.

이런 유교가 갖고 있는 탈현대적 자원들을 잘 발굴하고 창조적으로 활용한다면, 현대사회의 위기를 극복하고 탈현대의 새로운 문명을 건설하는 데 유교가 적극적으로 기여할 수 있을 것이다.

제2부

동양사상과 탈현대의 남녀

제1장

음양론과 탈현대의 남녀관계관

현대를 살아가는 남녀의 관계는 얼마나 만족스러운 것일까? 우리는 누구나 어떤 형태로든 남녀관계를 형성하면서 살아가고 있다. 어느 누구도 남녀관계를 떠나서 삶을 영위할 수는 없다. 그러나 현대사회의 남녀관계는 위기의 상황에 직면해 있다. 사랑을 이유로 결합하는 남녀관계의 이면에는 이기적인 욕망과 권력에 대한 갈등이 도사리고 있다. 권력이 남성에게 집중되었던 과거의 남녀관계를 지배와 피지배, 억압과 복종의 관계로 표현할 수 있다면, 현대사회의 남녀관계를 설명하는 핵심적인 키워드는 제한된 기회에 대한 경쟁과 갈등이다.

현대사회의 남녀관계를 바라보는 관점은 남녀관계를 이해하는 하나의 관점이 될 수는 있다. 그러나 현대의 남녀관계관은 남녀관계의 경쟁과 갈등이라는 특정 측면만을 부각시키는 한계를 갖고 있다. 그러므로 남녀관계에 대한 진정한 이해를 위해서는 현대사회의 남녀관계에 대한 관점이 남녀관계를 이해하는 여러 관점들 가운데 하나임을 인식해야 한다. 그런 다음에 현대사회의 관점을 뛰어넘는 새로운 남녀관계에 대한 접근이 시도되어야 한다. 왜냐하면 현대사회의 남녀관계에 대한 관점으로는 오늘날 남녀관계가 직면하고 있는 문제를 해결할 수 있는 방안을 제시할 수 없기 때문이다. 필자는 그 답을 음양론[27)]에서 찾아보려고 한다.

1. 현대사회의 남녀관계관

1) 불평등의 관계

근대 이후 남녀관계를 인식하는 관점과 문제의식은 중세사회의 성불평등에 대한 문제제기에서 출발한다. 성의 문제에 관심을 가졌던 초기 여성학자들은 남녀차별의 문제를 고발하고 불평등 구조를 비판하고자 하였다. 이런 연구경향은 남녀차별의 실태를 단순히 분석하는 것에서 출발해서, 사회적으로 남성적인 영역으로 규정되던

---

27) 이 책에서 다루는 음양론은 음양의 절대적 평등을 전제하며, 역사적 왜곡이 이루어지기 이전의 것이다.

분야에서 남성 못지않게 능력을 발휘하는 여성들을 부각시켜서 여성 또한 능력 면에서 남성들과 다르지 않다는 것을 보여주고자 했다. 여성들이 경험하는 불평등은 근본적인 원인이 있는 것이라기보다는 기회의 불평등에 의해 초래되는 결과임을 밝히고자 하였다. 이런 남녀관계에 대한 접근에서 한 발자국 더 나간 논의는 불평등한 남녀관계의 원인이 여성성에 대한 사회적 평가가 정당하게 이루어지지 못했기 때문이라고 주장한다(한국여성연구소, 2005: 16).

남녀관계에 대한 근대적 논의는 다양한 양상을 보이고 있지만, 그 초점은 남녀관계의 불평등을 문제로 제기하고 평등을 추구하는 것을 목표로 한다.[28] 남녀관계에 대한 자유주의 여성해방이론의 접근은 법적·제도적인 영역에서의 남녀평등을 추구하는 것이다. 남녀관계의 법적·제도적인 불평등의 문제를 해결한 다음에는 이데올로기적인 측면에서의 불평등을 제거하는 것을 목표로 한다. 최근의 성불평등에 대한 이론적 접근은 기존의 성불평등 이론이 남녀관계를 적대적인 관계로 규정함으로써 발생하는 문제점을 인식하고 성불평등의 문제의식을 공유할 수 있는 남성들과의 연대에 관심을 가지고 있다. 그러나 이와 같은 주장은 모두 남녀관계가 불평등하다는 문제의식을 전제로 깔고 있다. 그러므로 이런 관점에 의하면 이상적인 남녀관계의 모델은 평등을 달성하는 것이다.

그런가 하면, 남녀관계의 불평등이 생물학적인 성(性) 자체라고

---

28) 남녀관계를 법적·제도적인 불평등의 관계로 인식하는 관점은 자유주의 여성해방이론이다. 이들은 남성과 여성은 모두 합리적이고 이성적인 존재이며, 여성들은 사회의 관습과 제도 때문에 성불평등을 경험하게 된다고 주장한다. 그러므로 자유주의 여성해방이론가들은 법적·제도적인 기회의 평등을 통해서 남녀가 평등에 도달할 것을 제안한다. 이들의 여성해방운동은 20세기 초 여권신장에 크게 기여하였고, 현대사회의 여성해방운동에도 여전히 이론적인 기반을 제공하고 있다(우리사회문화학회, 2004), p.222.

지적하는 급진주의 여성해방이론은 다음과 같은 주장을 한다.

> "이를 주장하는 페미니스트들은 남녀관계가 최초의 사회적 분화이며, 여기서 남성의 지배는 가장 근원적인 억압형태로서 계급관계보다 더 근본적인 의미를 지닌다고 강조한다. 따라서 성별에 기반을 둔 권력체계 즉, 남성이 여성을 지배하는 보편적 체계인 가부장제가 여성의 억압적 삶을 결정하는 근원이라고 보는 것이다."(우리사회문화학회, 2004: 225)

급진주의 여성해방이론은 남녀의 생물학적인 성, 그 자체가 남녀 불평등을 야기하는 가부장제의 근원이라고 분석하고 있다. 그러므로 남녀 불평등을 해소하기 위한 방법으로 여성들이 생물학적인 성을 거부할 것을 주장한다. 급진주의 여성해방이론은 가부장제에 대한 이론적인 논의를 전개하고, 남녀의 성별 특징과 성 활동에 대한 논의를 확대했다는 점에서 남녀관계를 이해하는 데 기여한 바가 크다. 그러나 이 이론은 남녀관계를 분리·대립시키는 결과를 초래하며, 근본적으로 남녀관계의 문제를 해결할 수 있는 대안을 제시하지 못한다는 점에서 비판을 받고 있다(로즈마리 통, 1995: 214).

사회주의 여성해방이론은 자본주의체제와 가부장제에 의해서 발생하는 남녀관계의 불평등 구조에 초점을 맞추고 있다. 이 이론은 마르크스주의 여성해방이론이 계급의 문제만으로 남녀관계의 불평등구조를 설명하려고 했던 문제점을 극복하고자, 급진주의 여성해방이론의 가족과 출산에서 발생하는 남녀 불평등의 문제를 결합시키고 있다.

평등에 대한 가치부여는 근대사회 이후, 남녀관계에 많은 변화를 초래하였다. 남성적인 영역과 여성적인 영역의 구분으로 인하여 억압적인 삶을 강요받았던 여성들은 평등의 이념에 의하여 새로운 삶의 국면을 맞이하게 된다. 이런 변화는 단순히 여성의 삶의 질적·양적인 변화만을 초래한 것이 아니라, 남성들의 삶에도 직접적인 영향을 미쳤다. 현대인들의 삶이 남성적·여성적 이데올로기로부터 완전히 벗어나지는 못했다고 하더라도 남성과 여성에게 요구되던 삶의 패턴은 다양해졌고, 선택의 폭도 넓어졌다.

전근대사회에 만연하던 성의 불평등은 근대화에 의해서 점진적으로 약화되었으며, 결과적으로 남녀관계는 많은 변화를 경험하고 있다. 그리고 남녀관계가 불평등으로 규정되었던 시기에도 남녀관계에는 불평등의 요소만 있는 것이 아니라, 상호 보완적인 측면도 있었다. 오늘날 불평등만으로는 남녀관계를 전면적으로 설명할 수 없는 현실에 직면해 있다. 그러나 남녀관계를 인식하는 관점은 여전히 '불평등'에 머물러 있다. 남녀관계를 불평등의 관계로 이해하는 입장은 여성학 이론 전반에 걸쳐서 나타나는 특징이다. 19세기 서구사회에서 출현한 여성학은 남녀관계의 불평등의 문제를 드러내고, 여성들을 자유로운 삶의 주체로 부각시킴으로써, 오랫동안의 삶의 질곡에서 여성들을 해방시키는 데 많은 기여를 하였다.

2) 갈등의 관계

현대사회를 지배하는 남녀관계관은 남성과 여성을 분리·독립된 존재로 인식한다.[29] 그 결과 남녀관계는 분리·독립된 존재로서

---

29) 계몽사상과 진화론의 영향을 받은 근대적 세계관은 모든 존재를 근원적으로 분리된 것으로

생존을 위해서 경쟁하고 투쟁하는 관계로 설명한다. 이런 관점을 토대로 남녀관계를 바라보는 기존의 여성학은 남녀관계를 투쟁을 통해서 권력을 쟁취해야 하는 관계로 본다. 남녀관계는 투쟁을 통해서 이상적인 관계인 평등에 도달하게 된다. 그러므로 남녀관계를 설명하는 키워드는 권력과 갈등이 되고, 남녀관계에 대한 연구는 권력관계와 갈등의 양상을 다루는 것이 주가 되고 있다.

남녀관계를 이런 갈등의 관계로 인식하는 이유는 남성과 여성을 이해관계가 상반되는 적대적 관계로 이해하는 관점이 전제되어 있기 때문이다. 그것은 서구의 근대적 세계관의 바탕을 이루고 있는 이원론적 세계관이 초래한 것이다. 진화론은 존재물을 이해관계가 상반되는 대립으로 인식하고, 모든 존재는 투쟁을 통해서 기회를 쟁취하고 발전한다는 관점을 현대사회에 확산시켰다.

진화론의 관점으로 남녀관계를 바라보면, 남녀는 희소 자원을 차지하기 위해서 끊임없이 투쟁하고 갈등하는 관계로 묘사된다. 이미 기득권을 획득한 남성들은 여성들에게 기회를 나누어 주지 않기 위해서 여성을 견제하고 사회적인 기회를 박탈하려고 하고, 여성들은 남성들이 독점하고 있는 기회를 나누어 가지기 위해서 남성과 갈등하게 된다는 것이다.

근대사회의 여성들에게 있어서 남성들은 억압자이며, 전근대사회는 성불평등의 역사였다. 그러므로 남녀관계의 문제를 극복한다는 것은 성불평등을 해소하는 것이며, 평등에 이르는 길은 투쟁이라고 생각한다. 그러므로 경쟁과 투쟁만이 이상적인 남녀관계에 도

인식하고 물질과 정신, 주체와 객체, 개인과 사회, 인간과 자연, 차안과 피안을 대립적인 이원적인 세계로 바라본다(홍승표, 1999).

달하기 위한 유일한 길이다.

이렇듯 현대사회에서 남녀관계를 갈등의 관계로 바라보는 근본적인 요인은 무엇일까? 그것은 인간을 욕망 추구자로 간주하는 현대적 인간관과 직접적으로 관련되어 있다. 욕망 추구자로서의 인간관은 현대 자본주의체제의 영향으로 더욱 확산되어 가고 있다. 현대사회는 인간 존재를 끊임없이 욕망을 충족시키려고 하는 욕망의 노예로 조작하고 있다고 해도 과언이 아니다. 인간을 욕망 추구자로 전제하였을 때, 인간관계는 욕망을 충족시키는 데 소요되는 희소한 자원을 차지하기 위한 경쟁과 갈등이 심화된다. 이는 남녀관계의 경우도 예외가 아니다.

그 결과 현대 남녀의 성과 사랑을 유지하기 위한 중요한 요소는 '서로의 욕망을 충족시켜 줄 수 있는가' 하는 것이다. 남성에게 사회적 권력과 경제력이 집중되었던 시기에는 남성이 선호하는 여성적인 매력을 가지는 것이 여성들의 삶에 중요한 의미를 가졌다. 그런가 하면, 사회적 권력과 경제력이 여성에게도 분산된 오늘날에는 상대 이성에게 성적인 매력을 끌 수 있는가와 자신의 욕구를 상대방이 충족시켜 줄 수 있는가에 관심이 집중되고 있다. 이렇게 현대사회 남성과 여성은 상대방이 나의 욕망을 충족시켜 줄 수 있는 존재인가 아닌가에 관계맺음의 초점을 두고 있다. 따라서 현대사회의 남녀관계는 욕망충족에 반할 때는 언제라도 관계를 파기할 수 있는 가능성이 내재하여 있다.

2. 음양론의 남녀관계관

　　음양론은 독자적으로 이론적인 틀을 형성하기보다는 오행설과
결합하여 음양오행설로 발전하여 왔다. 음양오행설에 대해서는 다
양한 해석이 있다. 근대 과학주의가 팽배하던 학문적 풍토 속에서
음양오행설은 비과학적이고 미신적인 것으로 폄하되었고, 최근 음
양오행설을 비롯한 동양의 전통사상에 대한 재해석이 이루어지면
서 서양과 다른 차원의 세계관으로 평가받기도 한다.

　　음양오행설에 대한 다양한 논의 가운데 꿔워웨이(1993)는 음양
오행설의 과학적인 요소와 종교적인 요소를 분석하고 있다. 그는
한대(漢代) 이후에 음양오행설의 종교적인 요소는 전승되었지만 과
학적인 요소를 상실해 버린 점에 대해서 연구하였다. 그러나 이런
관점은 매우 근대적인 시각에서 음양론을 평가하는 것에 지나지
않는다. 음양론에는 꿔워웨이가 비판하고 있는 천인상응이라는 종
교적이며 전근대적인 측면과 그가 부각시키고 싶어 하는 역법이라
는 과학적이며 근대적인 측면이 동시에 있다. 지금까지 음양론에
대한 논의는 이와 같이 종교적·과학적인 기준이 중요하게 작용하
였다고 해도 과언이 아니다. 하지만, 이 두 측면은 오늘날의 남녀
관계에 대해서 새로운 대안을 제시해 주지는 못한다.

　　문제제기에서도 밝혔듯이 여기서는 음양론의 역사적 의미보다는
음양론이 가지고 있는 관계관의 철학적인 가치에 논의의 초점을
맞추고자 한다. 음양의 원시적인 개념은 음지와 양지였지만, 『역전
(易傳)』에 이르게 되면 이미 질료적인 성격은 약화되고, 음과 양이

라는 표상적인 이원의 관념을 상징하는 관계성의 범주로 주로 사용된다(강남옥, 1992: 10). 음과 양의 대대적(對待的) 관계에는 양개체 간의 절대적 평등과 조화라는 관계관이 내포되어 있다.

1) 절대적 평등의 관계

음양은 상대편이 존재하지 않으면 자신의 존재 자체가 성립될 수 없는 관계이다. 음이 없는 양은 존재할 수 없으며, 양이 없는 음 역시 성립이 불가능하다. 이러한 음양의 특성은 대대(對待)의 논리를 통해서 잘 드러난다. 음양 대대의 논리는 마주 대하며 기다린다고 하는 음양적인 대립의 특성을 가리킨다. 이런 특성에 의해서 "상반적인 타자를 자신의 존재성을 확보하기 위한 필수적인 전제조건으로서 요구한다는 관계의 논리"(최영진, 2001: 330)를 가지게 된다.

음과 양은 각각의 범주를 가지며, 주체로서 서로에게 대등한 자격을 가진다(강남옥, 1992: 11). 만물 생성을 위해서는 음양 가운데 어느 한쪽이 더 중요한 의미를 가지는 것이 아니라, 각각의 범주가 나름대로 의미를 가진다. 자연스럽게 각각의 범주는 존중되어야 한다. 만물 생성을 위해서는 음양의 범주 각각이 존중되어야 한다는 것은 음양이 분리되어 있지 않은 관계라는 의미와 함께 음과 양이 각각의 분담된 역할을 가지고 있다는 것을 의미한다.[30] 이와

---

30) 경서(經書)에 나타난 초기 음양 개념의 연구 가운데 하나는 양(陽)은 강(剛)하고, 음(陰)은 유(柔)하다는 음양 개념이 십익(十翼)에 도입되어 『역경(易經)』의 음양개념으로 발전했다는 관점이다. 그러나 음양 개념을 논의한 「계사전」의 성립을 진한 교체기로 끌어올린 마왕퇴 한묘에서 출토된 백서(帛書) 『역경』에는 강유를 말한 단전(彖傳)·상전(象傳)이 없다. 그러므로 양강음유(陽剛陰柔)의 관점은 음양의 본래적 개념이기보다, 그 뒤에 형성된 개념이라

같은 음양의 관계에는 절대적인 평등이 전제되어 있다. 이러한 예들은 다음의 인용문을 통해서도 잘 드러난다.

"한 번 음하고 한 번 양하는 것을 도라고 말한다."(김석진, 1996: 1363)[31]

"한 번 음하고 한 번 양하는 것을 도(道)라고 이른다"는 것은 음양을 떠나서 도가 있을 수 없음을 말하고 있다. 동시에 도가 음양 자체라는 것이 아니라, 한 번 음하고 한 번 양하게 하는 것이 도라고 말한다. 음양은 각 존재가 절대적인 의미를 가지고 있기 때문에 음이 양이 되려고 하거나 양이 음이 되려고 하지 않으며, 음양의 가치가 어느 쪽이 더 크다고 할 수 없다. 즉 음양의 관계는 절대적인 평등의 관계이다.

"음이 양을 낳고 양이 음을 낳아서 그 변화가 궁함이 없으니, 이치와 글이 다 그렇다."(김석진, 1996: 1370)[32]

"음과 양의 기운에 대하여 말하면, 작용은 양의 기운에 속하고 본체는 음의 기운에 속한다. 그러나 움직임과 고요함에는 끝이 없고 음의 기운과 양의 기운에는 시작이 없으니 앞과 뒤로 나눌 수는 없다. 지금 단지 발생하는 데 나아가 말한다고 하더라도, 반드시 움직이기 이전은 고요하고 작용하기 이전은 본체이고 감응하기 이전은 적막하고 양의 기운 이전은 음의 기운이며, 적막하기 이전은 다시 감응하고 고요하기 이전은 또 움직이니, 무엇으로 앞과 뒤를 정하겠는가."(양징더, 1998: 86 - 87)[33]

고 할 수 있다. 『중국사상문화사전』에서는 『역경』의 음양 개념은 변화의 원리를 말하는 것이며, 분류원리적인 속성이라고 한다(미조구찌 유우조, 2003).

31) 『周易』, 「繫辭上傳」, "一陰一陽之謂道."
32) 『周易』, 「繫辭上傳 本義」, "陰生陽陽生陰其變无窮理與書皆然也."
33) 『朱子語類』, 「理氣上」, "在陰陽言, 則用在陽而體在陰, 然動靜無端, 陰陽無始, 不可分先後. 今只就起處言之, 畢竟動前又是靜, 用前又是體, 感前又是寂, 陽前又是陰, 而寂前又是感, 靜前又是動, 將何者爲先後?"

"음의 기운은 양의 기운을 바탕으로 삼고, 양의 기운은 음의 기운을 바탕으로 삼는다. 물은 안쪽은 밝지만 그 바깥쪽이 어둡고, 불은 안쪽은 어둡지만 그 바깥쪽은 밝다. 횡거 선생이 '음의 기운과 양의 기운은 서로 상대방의 거처를 숨겨 준다'고 말한 것이 바로 그러한 뜻이다."(양징더, 1998: 133)[34]

이와 같은 관계의 특징을 정리하면 다음과 같다. 첫째, 음양론의 관계관은 음양 각 개체의 특수성을 인정하고 있다. 음은 음으로서의 성질과 특징을 가지고, 양은 양으로서의 성질과 특징을 가진다. 음양의 차이는 서로의 존재를 가능하게 하는 전제이기 때문에 각 개체의 특수성을 존중한다. 둘째, 개체의 특수성을 인정하기 때문에 음양의 관계는 절대적인 평등의 관계이다. 음양의 관계에서 음양 중 어느 하나가 상대에 비교해서 우위를 점할 수는 없다. 왜냐하면 상대의 존재가 없이는 스스로의 존재 자체로 성립되지 않기 때문이다. 음과 양은 서로의 개체성을 존중한다. 서로의 개체성을 존중함으로써 스스로 존재의 의미를 가질 수 있다.

절대적 평등의 관계로 음양을 이해하는 음양론의 관계 철학적 함의는 지금까지 음양론 논의의 중심에서 다루어지지 못하고 있다. 대부분 음양과 남녀에 대한 이해는 양은 하늘이며 남성을 상징하고, 음은 여성이며 땅을 상징하는 전통사상의 남녀 불평등관으로 해석되어 왔다. 하지만 위에서 살펴보았듯이 음양론은 양과 하늘만을 가치 있는 것으로 규정하고 있지는 않다. 오히려 음과 양, 땅과 하늘의 각각의 특성에 대한 인정과 양자의 조화를 추구하는 것이 음양사상의 요체라고 할 수 있다.

---

34) 『朱子語類』, 「理氣上」, "陰以陽爲質, 陽以陰爲質. 水內明而外暗, 火內暗而外明. 橫渠曰 '陰陽之精, 互藏其宅', 正此意也."

2) 조화의 관계

음양은 상반성과 동시성의 특징을 가지고 있다. 음과 양은 상반되어 있으나 가장 이상적인 형태는 상호 보완하여 서로의 덕을 합하는 것이다.[35] 즉, 합덕(合德)할 때 가장 이상적인 관계가 실현되는 것이다. 그것은 서로의 존재가 각자의 존재를 가능하게 해주는 존재의 전제가 된다는 점에서 더욱 잘 드러난다.

> "공자께서 말씀하시기를 '건 · 곤은 역의 문인져! 건은 양의 물건이고 곤은 음의 물건이니, 음양이 덕을 합해서 강하고 부드러운 것이 체가 있는지라. 건 · 곤으로써 하늘과 땅의 일을 본받으며, 신령스럽고 밝은 덕을 통하니⋯⋯'라고 했다."(김석진, 1996: 1435)[36]

위의 「계사하전(繫辭下傳)」에서 설명하고 있듯이 주역의 모든 괘(卦)는 건(乾)과 곤(坤), 즉 양과 음의 덕을 합하여 이루어진 것이다. 그러므로 이 관계에서는 서로의 교감(交感)이나 감응(感應)이 가장 중요한 의미를 가지며, 교감과 감응을 실현하는 과정에서 자연스러운 조화(調和)를 이루게 된다(편해석, 1999: 13).

음양의 합덕에 대한 의미는 아래의 인용문의 경우처럼 유교적 가치로 확대 적용되기도 한다. 이것은 음양 두 존재를 분리 · 독립된 것으로 보는 것이 아니라, 통일체적인 세계관에서 이해한다는 것을 잘 보여주고 있다. 동시에 두 존재의 적대적 대립이 아닌 대

---

35) 음양은 서로가 대립하거나 갈등하게 되면 스스로의 존재 자체가 성립하지 못한다. 그러므로 매우 상반하는 관계로 보이지만 근본적으로는 서로 응하는 논리가 함축되어 있다. 서로 단순히 대립하는 것이 아니라 의존적인 관계를 형성하고 있다(송갑준, 2001), p.116.

36) 『周易』, 「繫辭下傳」, "子曰乾坤其易之門邪! 乾陽物也. 坤陰物也. 陰陽合德而剛柔有體. 以體天地之撰 以通神明之德也."

대(對待)의 관계를 전제로 하는 조화에 가치를 부여하고 있음을 설명하고 있다.

> "오직 음의 기운과 양의 기운이 덕을 합하고 오행이 모두 갖추어진 뒤에나 적절하고 올바르게 되어서 성인이 될 수 있다."(양징더, 1998: 587)[37]

음양은 그 자체가 불변의 실체가 아니다. 시간의 흐름 속에서 절대적인 음과 절대적인 양은 존재하지 않는다. 음양의 세계가 절대적인 세계가 아니라 마주 대하며 기다리는 대상이 있는 세계이기 때문이다. 그러므로 음양은 서로 보완적인 관계를 가진다. 한쪽이 지나치면 다른 쪽의 도움을 받아서 조화를 이룬다. 조화를 이루는 것이 음양 관계의 가장 궁극적인 목표이며, 끊임없이 조화를 추구하는 과정에서 상호 영향을 미친다.

이와 같은 음양의 관계는 음과 양을 하나의 기로 인식하여, 그 상호 관계를 이해할 때 관계의 특성이 잘 드러난다. 음양은 전체로서 일기(一氣)의 운행으로 볼 수 있다. 또 반면에 음양으로 나누어지고 서로 대립하는 측면과 상호 작용하여 변화를 이루어 나가는 점은 음양이라는 이기(二氣)라는 특징을 잘 반영하고 있다. 음양이기(陰陽二氣)가 만물을 변화시켜 간다는 음양과 기의 관계는 사물이 생성 소멸하는 관계를 일생이법(一生二法)의 논리에서 설명하고 있다(편해석, 1999: 22). 음양이 기로서 교대로 움직여 변화하며 만물을 생성, 소멸한다는 것이다. 이와 같은 음양에 대한 설명 틀은 음양의 상호 작용을 설명함과 동시에 상호 작용을 통해서

---

37) 『朱子語類』, 「性理上」, "唯陰陽合德, 五性全備, 然後中正而爲聖人也."

궁극적으로 음양이 조화를 추구하는 관계를 설명하고 있다.

음양의 이상적인 관계는 조화를 이루는 것이다. 조화를 이루는 방법은 차이가 있는 두 존재 간의 교감을 통해서 이루어진다. 교감은 창조적이고 생산적인 힘으로 작용하게 된다. 주역의 택산함(澤山咸), 지천태(地天泰), 천풍구(天風姤) 등에는 이런 음양의 관계가 잘 설명되고 있다.

> "하늘과 땅이 감응해서 만물이 화생한다."(김석진, 1996: 761)[38]

> "하늘과 땅이 사귀어 만물이 통한다."(김석진, 1996: 412)[39]

> "천지가 서로 만나니 모든 물건이 다 빛난다."(김석진, 1996: 995)[40]

음양론에 있어서 음양이 교감하지 못하는 경우가 바로 관계의 비정상적인 상태를 말한다. 그것은 대립물 간의 교감이 일어나지 못하기 때문에 발생하는 문제의 상황이다. 뇌택귀매(雷澤歸妹)와 천지비(天地否)에서는 이런 음양이 교감하지 못하는 상황이 초래하는 문제를 설명하고 있다.

> "하늘과 땅이 사귀지 않아 만물이 통하지 않는다."(김석진, 1996: 432)[41]

> "천지가 사귀지 않으면 만물이 흥하지 못한다."(김석진, 1996: 1175)[42]

---

38) 『周易』, 「咸卦 彖」, "天地感而萬物化生."
39) 『周易』, 「泰卦 彖」, "天地交而萬物通也."
40) 『周易』, 「姤卦 彖」, "天地相遇而品物咸章也."
41) 『周易』, 「否掛 彖」, "天地不交而萬物不通."
42) 『周易』, 「歸妹掛 彖」, "天地不交而萬物不興."

위와 같이 음양론에서 관계의 가장 심각한 문제는 교감하지 못하고 상호 교류가 되지 않는 상태이다. 음양의 교감은 무엇을 말하는 것일까? 음양의 교감은 단순한 물리적이고 양적인 의미의 상호 보완 이상의 의미를 내포하고 있다. 음양의 상호 보완적인 교감의 결과는 화학적이며 질적인 차원의 변화를 초래한다. 음과 양의 단순한 결합을 넘어서는 의미가 전제되어 있다. 음양은 교감과 감응을 통해서 이상적인 관계인 조화에 도달할 수 있으며, 통일체적인 관계를 형성하게 된다. 통일체적인 관계는 단순한 개체의 합을 의미하는 전체와는 다른 개념으로 하나이면서 동시에 둘인 음양의 관계적 속성을 말한다.

3. 음양론적 남녀관계관의 탈현대적 함의

현대사회의 남녀관계가 직면하고 있는 문제의 해답을 음양론에서 찾아보았다. 음양론은 현대의 문제를 극복하고 탈현대적인 남녀관계관을 형성하는 데 있어서 다음과 같은 의의를 가지고 있다.

첫째, 상호 분리와 반목의 남녀관계관의 문제를 극복할 수 있는 통일체이며 대대적인 남녀관계의 모델을 제시해 준다. 현대사회의 남녀관계관은 상호 분리와 반목의 관계를 전제로 하고 있다. 그것은 남녀관계를 이해하는 이론적 기반인 사회학과 여성학이 토대를 두고 있는 근대적 세계관의 영향에 의해서 형성되었다. 그러나 엄밀히 분석하면 남녀관계는 상호 분리된 존재가 아니며, 현실 속의 남녀관계를 반목을 통해서만 설명할 수는 없다. 이러한 현대의 남녀관계관은 현실을 설명하는 설득력을 상실하고 있으며, 남녀관계의 한 측면을 설명하는 데 불과하다. 그러므로 남녀관계에 대한 새로운 관계 모델을 고민해야 할 필요가 있다.

음양론에는 현대사회의 남녀관계가 직면하고 있는 상호 분리와 반목의 관계라는 한계를 극복할 수 있는 새로운 관계 모델이 내포되어 있다. 바로 통일체로서의 남녀관계에 대한 인식이다. 음양이 분리·독립된 존재로서는 존재의 성립이 불가능한 것과 마찬가지로 남녀 또한 상대의 존재 자체가 없으면 자신이 있을 수가 없다. 상대의 존재가 바로 자신의 성립을 위한 전제가 되는 것이다(이현지, 2001: 267). 이와 같은 음양론의 통일체적 관계관은 현대사회의 남녀가 직면하고 있는 문제를 해결하는 데 도움이 될 수 있는 새로운 관점을 제공해 줄 수 있다.

둘째, 이상을 상실해 버린 현대사회의 남녀관계관에 실현 가능한 이상을 제시한다. 현대사회의 남녀관계관에서 추구하는 이상은 평등이다. 평등에 대한 지향은 사회적 지위와 기회, 정치적 권력 등 다양한 측면에서 불평등 구조가 심각했던 남녀관계를 개선하는 데 상당한 기여를 하였다. 얼마 전까지 경제적인 영역에서 남성적인 일과 여성적인 일의 경계가 분명하였고, 사회적으로 여성들은 기회의 차별을 경험하였다.

그러나 최근 사회가 변화하면서 여성들의 정치·경제적 활동은 확대되었고, 여성들의 권리는 많이 신장되었다. 하지만 여성들은 아직도 불평등한 사회·경제적 지위에 불만을 토로하고 있으며, 남성들은 여성들에게 주어지는 여성할당제 등의 기회에 대해 역차별이라고 불평하고 있다. 이런 결과는 평등을 물화하여, 마치 평등이 실현되면 행복한 남녀관계가 보장될 수 있다는 착각을 가지게 한다. 하지만 현대사회가 추구하는 평등은 가치 있는 것이기는 하지만 궁극적인 목표가 될 수는 없다. 평등은 행복한 남녀관계 형성을 위한 필요조건이기는 하지만 충분조건은 아니기 때문이다.

음양은 음과 양의 각 영역에 있어서 분명한 차이를 인정하고 있다. 그러므로 음은 음대로 양은 양대로의 고유의 특성을 잘 드러내는 것을 통해서 조화를 이루는 것이 이상적인 관계를 실현하는 것이다. 각 영역은 서로 침범하거나 얕보지 않고, 존중하고 자신의 성질을 발전시키는 데 최선을 다한다. 그 과정에서 자연스러운 조화가 이루어진다. 관계의 지향은 조화를 추구하는 것이다. 음양의 이상적인 상태는 조화이다.

이런 관점을 현대사회의 남녀관계에 적용할 수 있다. 음양론의 관점에서 보았을 때, 남녀관계란 남성과 여성, 각자의 개체성은 충분히 인정하면서 서로의 성질 혹은 기능에서 부족한 측면을 서로 보완해주는 관계로 설명할 수 있다. 현대사회의 남녀관계에서 나타나는 문제처럼 기득권을 가진 남성과 경쟁하기 위해서 여성이 남성화되는 문제는 생겨나지 않는다. 음양론의 관점에서 보면, 남성은 남성대로 여성은 여성대로의 본연의 기질을 그대로 드러낼 수 있을 때 가장 잘 조화를 이룰 수 있다. 그러므로 각자의 기질을 잘 살리는 것이 좋은 관계의 기본적인 요소가 된다.

셋째, 음양론은 남녀관계의 이상을 실현할 수 있는 적극적인 방법을 제시한다. 현대사회의 남녀관계관은 평등을 관계의 이상으로 설정하고 있다. 그리고 그 이상에 도달하는 것은 갈등과 투쟁의 방법을 통해서만 가능하다고 한다. 따라서 남녀는 제한적인 사회적 기회와 권력을 대상으로 끊임없이 갈등하고 투쟁하는 관계가 된다. 현실 속에서 남녀관계는 그런 경향을 보이기도 한다. 사회에서 이미 기득권을 형성하고 있는 남성들은 여성들이 사회 참여에 대해 호의적이지 못하다. 그리고 여성이 사회적으로 성공하려면 남성들보다 더 많은 노력과 개인적인 희생을 각오해야 하는 것이 현실이기도 하다. 하지만 그런 과정을 통해서 획득한 사회적 기회와 기득권이 행복한 남녀관계를 보장해 주지는 않는다. 따라서 가시적인 남녀평등이 실현될수록 남녀관계의 위기는 심각해지고 있다.

음양론은 조화를 관계의 이상으로 보고 있다. 조화를 이루기 위한 실현 방법은 서로 감응하고 교감하는 것이다. 그 과정에서 사랑을 통해서 이상적인 남녀관계에 도달할 수 있다. 이와 같은 감응과 교감의 방법은 현대사회의 남녀관계가 직면하고 있는 반목과 대립적인 관계의 한계를 극복하는 데 실질적인 대안이 될 것이다. 그리고 현대사회에서 파행적으로 나타나는 일회적이고 육체적 쾌락 중심의 사랑관의 문제를 해결할 수 있는 해답이 될 것이다.

제2장

음양론과 탈현대적 성역할 담론

우리는 누군가를 만나면 성역할을 기준으로 그 사람을 평가하고 상대에 대한 인상을 형성한다. 이와 같이, 성역할은 삶에서 중요한 자리를 차지하고 있다. 지금까지 성역할 담론은 다양하게 전개되어 왔다. 현대 성역할 담론은 전근대적인 성불평등을 해소하고, 남성 중심의 사회구조를 해결하기 위한 노력을 기울여 왔고, 많은 성과를 거두었다. 그러나 현대 성역할 담론은 사회구조의 변화에도 불구하고 오랫동안 변화가 없었다. 그 결과 현대 성역할 담론은 시대에 맞는 성역할 모델을 제공해 주지 못하고 있다.

그러므로 이 장에서는 현대 성역할 담론의 문제점을 살펴보고,

음양론을 바탕으로 하여 탈현대의 성역할 담론을 구성하고자 한다. 현대 성역할 담론의 문제점은 남녀를 분리·독립된 존재로 인식하고, 남녀관계를 이해관계가 대립되는 것으로 보는 근대적 세계관에 뿌리를 두고 있다. 이에 반해서, 음양론은 남녀를 서로 연결되어 있는 조화로운 관계라고 간주한다. 이와 같이, 근대적 세계관과는 상이한 남녀관계관에 대한 가정을 바탕으로, 새로운 성역할 담론을 구성할 수 있다.

1. 현대 성역할 담론의 문제점

성역할 담론은 성 정체성, 성역할 규범, 성역할 이론, 성역할 개념 등을 포함한다. 성역할 담론의 각 내용은 다른 내용을 담고 있다. 하지만, 여기서는 성역할 담론의 내용을 세분화하고 구분하기보다는 성역할과 관련된 담론을 포괄적으로 다루고자 한다.

현대 성역할 담론은 근대적 세계관을 토대로 하고 있다. 근대적 세계관의 관점에서 남녀를 바라보면, 남녀는 분리·독립된 존재이다. 이런 관점은 성역할에 대한 기존의 연구 성과에도 잘 나타난다. 기존의 성역할 연구의 대표적인 경향은 성역할의 형성과정, 성역할 척도, 성역할 형성요인에 대한 연구 등이다. 기존의 연구들은 고정된 성역할을 전제로 삼고 있음을 알 수 있다.

현대 성역할 담론은 남녀관계를 대립의 관계로 본다. 그러므로 현대 성역할 담론은 남성적인 성역할에만 가치를 부여하는 것에 대해서 비판하고, 여성적인 성역할의 사회적 가치를 인정받기 위한 노력을 기울여 왔다. 이와 같은 현대 성역할 담론이 어떤 문제를 가지고 있는지 구체적으로 살펴보자.

1) 고정된 성역할 개념의 문제

근래에 들어서, 전통적인 성역할이 파괴되는 경향이 나타나고 있다. 그러나 우리는 여전히 '남자가 설마……'라든가 '여자답지 못하게……'라는 기준을 서로에게 적용시키기도 한다. 즉 남성적인 삶과 여성적인 삶이라는 성역할의 영향을 받고 있는 것이다. 이러한 성역할은 남녀의 일상적인 삶을 규제하고 있다.

현대사회에 통용되고 있는 성역할 규범은 획일적이라고 하는 특징을 가지고 있다. 성역할은 남성과 여성에 대한 그 사회의 기대를 반영한다. 성역할은 남성다움은 어떤 것이며, 여성다움은 어떤 것인가에 대한 사회문화적 기대라고 할 수 있다. 현대사회를 지배하는 성역할 담론은 남성의 성역할은 도구적인 것으로, 여성의 성역할은 표현적인 것으로 구분한다. 이런 성역할의 차이 때문에 "남성적 특성은 지배적, 독립적, 자기 주장적, 경쟁적, 지적, 건강함, 자신감, 공격적, 결단적, 논리적인 것으로, 여성적 특성은 수동적, 가정 지향적, 주관적, 양육적, 협조적, 온정적, 표현적, 순종적인 것으로 묘사한다."(문혜옥, 2000: 206)

위와 같은 성역할 구분은 남성과 여성이 근본적으로 다르다는 생각을 전제로 하고 있다. 남성과 여성이 근본적으로 다르다는 관점을 관철하는 과정에서 남성과 여성 집단 내부의 차이는 부차적인 문제로 밀려나게 된다. 특히 여성의 임신과 출산 능력은 사회적인 삶에 큰 영향을 미치기 때문에 다름을 구분 짓는 결정적인 요인으로 작용한다.

그러나 한 범주 안에 묶이는 남성 사이에 혹은 여성 사이에 얼마나 큰 간극이 있는지에 대해 우리는 쉽게 근거를 제시할 수 있다(이동수, 2004: 67). 현대 성역할 담론은 생물학적인 성을 준거로 하여 남녀의 성역할을 무리하게 이분화시킨다. 성역할의 이분화는 성 고정관념으로 작용한다.

역사를 들여다보면, 성역할에 대한 규정은 시대상황의 영향을 많이 받는다는 것을 알 수 있다. 개별 남성과 여성이 처한 사회문화적 조건 속에서 남성과 여성의 성역할은 변화한다. 산업혁명 이후 생산활동에서 남성과 여성의 성역할은 엄격한 경계를 가지게 되었다. 남성은 가족부양을 담당하는 경제적인 기능을 담당하고, 여성은 가사노동과 자녀양육을 전담하면서 정서적인 역할을 담당하는 것으로 경계가 설정되었다(임인숙, 1997: 817).

남성성과 여성성은 분리되고 고정된 특성이 아니며, 따라서 남녀의 성역할도 고정된 것이 아니라는 주장이 벰(Bem)에 의해서 제기되었다. 벰에 의하면, "양성성 모형에서 개인 안에 남성적 특성과 여성적 특성이 비교적 균등하게 내재되어 있다고 본다. '남성성'과 '여성성'의 두 척도 간의 상관은 -.03으로, 두 특성은 서로 독립적인 차원이지 동일 차원에서의 양극에 위치한 특성이 아니다. 즉 남성다운 사람이라고 여성다운 측면이 없는 것이 아니고 그 반대의 관계 또한 성립되지 않는다."(우리문화사회학회, 2003: 77)

벰의 양성성에 대한 논의는 현실에서 경험하는 성역할을 이해하는 데 도움이 된다. 왜냐하면 이분법적인 성역할에 대한 규정은 일상 속에서 그 한계점을 쉽게 만날 수 있기 때문이다. 한국사회의 경우, 2006년 여성들의 경제활동 참가율은 50.1%로 꾸준히 증가하고 있는 추세이다(통계청, 2006: 26). 가족부양이 남성의 고유한 성역할이라는 주장은 더 이상 설득력을 가질 수 없다. 이와 같이, 여성의 경제활동 참가율이 높아지면서, 기혼 여성의 경제활동 참가율도 증가하고 있다. 이런 변화는 가족 내에서 성역할의 변화를 야기했다.

양성성에 대한 벰의 논의는 성역할을 고정된 것으로 보는 현대 성역할 담론의 문제점을 적절하게 지적하고 있다. 그러나 이런 벰의 주장은 논리적인 모순이 있다. 즉 남성과 여성이 양성의 특징을 모두 가지고 있다고 한다면, 최초의 남성적인 그리고 여성적인 특징은 어떻게 만들어지는 것인가에 대한 답을 가지고 있지 못하다. 이것은 개체를 분리·독립된 존재로 인식하는 세계관적 요인 때문에 발생하는 문제이다(이현지, 2001: 273).

남성과 여성을 고정된 실체로 인식하면, 상황에 따라서 남성이 여성적인 역할을 하거나 여성이 남성적인 역할을 하는 것에 대한 설명을 할 수 없다. 그러나 현실 속의 남성과 여성은 상황에 따라서 상대편의 성역할을 담당하기도 한다. 그러므로 현대 성역할 담론은 시대에 맞는 성역할 모델을 제시하지 못하고 있다. 이런 문제를 해결하기 위해서 음양론의 시중(時中)적인 성역할을 살펴보자.

2) 대립적 관점에서 성역할의 가치를 평가하는 문제

성역할 담론의 또 다른 전제는 남성적 특성과 여성적 특성이 대립하고 있다는 것이다. 현대사회를 지배하는 성역할 담론은 "남성적 성역할의 내용을 공격성, 독립성, 합리성, 적극성, 모험성 등으로 규정하고, 여성적 성역할의 내용은 이와 반대되는 특성으로 규정한다."(김동일, 1996: 77)

이에 따라서, 성역할에 대해서 차별적인 가치를 부여하는 경향이 생겨난다. 즉 남성들이 담당하던 사회적이고 가족 외적인 노동은 가치 있는 것으로, 여성들이 담당하는 가사와 관련된 노동은 가치 없는 것으로 평가절하하였다. 엄격한 성역할 분업구조가 있다는 사회적 고정관념은 오늘날까지도 남성과 여성의 삶에 다음과 같은 영향을 미치고 있다.

첫째, 남성을 1차적인 경제적 부양자로 인정하기 때문에 노동시장에서 여성들은 늘 주변부에 위치하게 되고, 여성노동에 대한 사회적 기회와 평가에도 차별이 있다. 여성을 부양 대상으로 인식하기 때문에 생계형 여성노동에 대해서도 가계보조적인 노동으로 평가하고 직장 내 지위와 임금 등에서 차별을 한다. 여성노동에 대한 이와 같은 평가는 일하는 여성을 아내로 둔 남성들의 태도에서도 잘 드러난다.

임인숙(1997: 831)은 성역할에 대한 그의 사례연구에서 남편들은 아내의 노동을 경제적 안정을 찾기 이전 단계의 보조적인 역할로 규정하고 있음을 밝혔다. 18건의 사례 가운데 7명의 남편들은 경제적 형편이 나아지면 언젠가는 아내를 전업주부의 위치로 '원상

복귀'시킬 계획을 가지고 있었다.

둘째, 이러한 성역할의 정치경제학은 여성들의 삶에 부정적인 영향을 미친다. 여성들 스스로 능력 있고 독립적인 자신의 미래를 준비하기보다는, 경제력 있는 남성이 선택할 수 있는 여성으로 자신을 변화시키는 데 더 많은 투자와 노력을 기울이게 된다(이현지, 2005a). 시사 프로그램 '그것이 알고 싶다'에서는 '신데렐라는 있다 – 결혼에 인생을 건 사람들'이라는 주제를 다루면서, 결혼을 통해서 신데렐라를 꿈꾸는 우리시대 여성들의 모습을 자세하게 보고한 바 있다(KBS제작국, 2004).

현대 성역할 담론은 위와 같은 성역할에 대한 인식에 비판적인 입장을 취하고 있다. 왜냐하면 그런 평가에 의하여, 남성에 의한 여성 지배가 정당성을 확보하게 되고 위계적인 남녀관계를 가지게 되기 때문이다. 현대 성역할 담론의 성역할 평가에 대한 비판은 다음 세 가지 형태로 진행되었다.

첫째, 여성도 남성들과 같은 역할을 할 수 있다고 주장한다. 이들은 성역할에 대한 사회적 가치가 남성 중심적으로 평가되는 것을 비판하면서, 여성들 또한 남성과 같은 사회적인 역할을 담당할 수 있다고 한다. 이런 주장을 하는 학자들은 남성들이 담당하는 경제활동 영역에서 두각을 드러내는 여성들을 소개하고 남성 못지않은 여성의 능력을 밝히는 데 주력한다.

둘째, 여성들의 성역할이 더 가치 있는 것이라고 주장하는 입장이다. 이 입장에서는 가사노동의 경제적인 가치를 인정하고, 가사노동이 남성들이 담당하는 가계부양의 노동만큼 경제적인 가치가 있음을 주장한다. 그리고 여성적인 특징이 가지는 사회적 의미를 부각시키고자 한다. 기존의 남성 중심적인 성역할에 대해 비판하면서, 여성적인 보살핌의 특성이 더 우월함을 강조하는 입장도 있다.

이런 주장은 현대사회와 같은 남성 중심적 사회구조와 가치가 지배하는 사회에서는 충분히 설득력을 가질 수 있다. 그러나 절대적인 가치를 여성적인 것에 부여하고자 하는 시도는 남성우월주의의 또 다른 아류가 될 수 있다. 남성적인 것이든, 여성적인 것이든 어느 하나의 성적 특성에만 배타적으로 가치를 부여하는 것은 건강한 남녀관계를 만드는 데 부정적인 영향을 미친다.

셋째, 남성과 여성이 하는 성역할이 각각 그 가치를 가진다고 하는 주장이다. 이런 학자들은 남성적 성역할과 여성적 성역할을 평가하는 데 더 이상 지배와 순종, 가치 있음과 가치 없음의 줄다리기를 할 필요가 없다고 주장한다. 남성적 성역할과 여성적 성역할은 그 나름대로의 가치를 가지고 있다는 것이다(우리사회문화학회, 2003: 78).

이런 관점은 현대사회가 직면하고 있는 남성 중심적 가치 판단의 문제점을 고려할 때, 적절한 문제의식이라고 할 수 있다. 그러나 남성과 여성을 대립적인 관계로 전제하기 때문에, 남녀는 각자 자기의 성역할을 담당하는 것으로 본다. 남성과 여성의 성역할은 서로 대대(對待)적인 관계[43] 속에서 긴밀하게 상호 영향을 미치고 있는데, 이들은 이것을 간과한다.

현대 성역할 담론은 기존의 성역할 평가의 문제점을 인식하고

---

43) 대대(對待)란 대립(對立)을 바라보는 음양론의 관점이다. 대대란 문자적인 의미에서 마주하고 있는 것을 기다린다는 의미로 상대편의 존재를 전제로 내가 성립하는 관계이다. 대대적인 대립에서는 서로를 이루어 주며, 감응과 조화를 통해서 창조적인 관계의 발전이 이루어진다고 본다.

해결하는 데 많은 기여를 하였다. 그러나 위에서 지적하였듯이 현대 성역할 담론은 대립적인 관점에서 성역할의 가치를 평가하기 때문에 진정한 성역할의 원리를 설명하지 못하고 있다. 이런 문제점을 해결하기 위한 실마리를 조화를 중시하는 음양론의 관점에서 찾아보자.

2. 음양론과 탈현대적 성역할 모델

동아시아사회에서 음양(陰陽)은 성역할과 성적 기질을 규정하는 개념으로도 사용되어 왔다. 특히 유교적인 전통 속에서 음양은 남녀의 사회질서를 유지하기 위한 도구로 활용되었다. 음양론은 남성 중심의 사회에 대한 정당성을 제공해 주고 여성들의 삶을 통제하는 수단으로 작용하였다. 따라서 음양론 자체와 남녀관계의 정치경제학으로 활용되었던 음양론을 구분해 낸다는 것은 쉬운 일이 아니다. 하지만 여기서는 이 두 가지 음양론을 엄밀하게 구분하고, 탈현대적인 성역할에 대한 지혜를 제공해 줄 수 있는 음양론 자체에 관심을 가진다.

음(陰)과 양(陽)은 분리·독립된 개체가 아니다. 그러므로 음과 양은 고정된 특성을 갖지 않는다. 음과 양의 속성은 상황 속에서 적절한 특성을 발휘할 수 있도록 시중(時中)의 논리에 따라서 변화한다. 이런 음양론의 특징을 차용하면, 상황에 따라 변화하는 성역할을 설명할 수 있다. 또한 음양론은 음양 간의 조화를 추구한다.

음양론이 제시하는 조화로운 남녀관계라는 관점에서 보면, 현대 성역할 담론이 안고 있는 대립의 문제를 해소시킬 수 있다.

현대 성역할 담론에서는 남녀를 대립의 관계로 보기 때문에 성역할에 대한 평가도 갈등의 관점에서 이해한다. 그러나 조화로운 남녀관계의 관점으로 보면, 특정한 성역할이 더 가치 있는 것으로 평가될 수 없다. 어떤 성역할이든 고유의 가치를 가지고 있다. 그리고 남녀는 각각 상대편 성역할의 특성을 존중하는 가운데 조화를 추구한다. 시중(時中)적인 성역할과 조화의 관점에서 본 성역할의 구체적인 내용을 아래에서 살펴보자.

1) 시중(時中)적인 성역할

음양론에 대한 이해는 다양한 입장에서 이루어졌다. 그중에서 음양론에 대한 대표적인 오해는 음양을 이분법의 관점에서 고정된 것으로 인식하는 것이다. 그것은 음양을 남녀, 천지, 강유, 미추, 선악에 대립적으로 적용하여 이해하는 방식이다. 그리고 음양론에 대한 오해의 다른 한 가지는 과거 유교사회에서의 음양 개념을 음양론의 전부라고 생각하는 것이다. 이런 음양론에 대한 오해를 자세히 살펴보면 다음과 같다.

첫째, 유교적 음양론을 음양, 남녀, 천지, 강유, 미추, 선악 등과 같이 대립적으로 이해하는 경우를 살펴보자. 이러한 오용은 음양론의 세계관에 대한 몰이해에서 비롯되는 것으로 음양을 하나의 상(象)으로 인식한 결과이다. 이에 대해서 김재범(2001: 93)은 '음양상(陰陽象)'에 대한 '표상적 인식'의 한계점을 분명하게 제시한 바 있다. 음양에 대한 표상적 인식은 "음양을 이원적으로 분리된 대상으로서 물상화하여 이해하는 것을 말한다." 이와 같은 음양에 대한 이해는 이원론적 세계관과 인식론을 통해서 음양을 이해하고자 하는 과정에서 발생하는 오용의 사례이다.

둘째, 유교가 지배했던 사회에서의 음양 개념을 음양론의 전부라고 간주하는 경우를 살펴보자. 그 사회에서 음양이 남녀관계를 규정하는 개념으로 이용되었다고 하더라도 그것이 유교적 음양론의 관계관을 원형 그대로 반영한 것이라고는 할 수 없다. 즉 오늘날 유교적 음양론으로 비판받는 남녀 불평등 구조의 토대가 된 음양론은 특정시대의 역사적 상황 속에서 만들어진 음양론의 특수한 한 가지 형태에 지나지 않는다.[44]

역사 속에서 생성된 전근대적 음양론을 음양론으로 규정하고, 그러한 음양론에 대한 비판을 음양론 자체에 대한 비판으로 간주하고 있다. 이런 형태의 음양론에 대한 오해는 결국 시대정신에 부합하는 방식으로 음양론을 새롭게 해석할 수 있는 가능성을 봉쇄한다. 앞에서 지적하였듯이, 역사 속에서 생성된 특수한 형태의 음양론과 음양론 자체를 논리적으로 구분하는 것이 필요하다.

현대사회의 성역할 담론의 문제점을 극복하고 탈현대적 성역할 담론을 구성하는 데에 음양론은 어떻게 기여할 수 있을까? 다음과 같은 가능성을 지적할 수 있다. 현대 성역할 담론은 앞에서 살펴보았듯이 획일적인 성역할 개념을 전제로 하고 있다. 현대 성역할 담론은 근대적 세계관에 기초하고 있으며, 남녀의 근원적인 분리와

---

44) 유교와 남녀관계에 대한 자세한 논의는 이현지(2005b)를 참고하기 바란다.

독립을 가정한다. 분리·독립된 남녀는 남성이 아니면 여성으로 존재하고, 고정된 실체를 가지고 있다. 남성은 남성적인 성역할을 담당하고 여성은 여성적인 성역할을 담당하게 된다.

그러나 음양론의 관점으로 성역할을 보면, 성역할은 고정된 것이 아니다. 음과 양은 다르다. 그러나 고정된 실체는 아니다. 즉, 남성은 양으로 여성은 음으로 규정하는 개념의 이면에는 상황 속에서 언제나 그 성질이 바뀌어서 발현될 수 있다는 논리가 포함되어 있다.

이와 같은 음양론의 사상을 청나라 때 모기령(毛奇齡)은 '변역(變易)'이라는 개념으로 정리하고 있다. 변역은 양이 음으로 변하고, 음이 양으로 변하는 것을 말한다(김승동, 1998: 367). 이런 변역의 논리에서 보면, 특수성을 가지고 있는 개체는 개별적으로 분리된 상태로 존재하는 것이 아니라, 서로 연관되어 통일체적인 관계를 형성하고 있다. 이런 사유구조를 잘 보여주는 예를 『여씨춘추(呂氏春秋)』의 다음 구절에서 볼 수 있다.

> "천지만물(天地萬物)은 한 사람의 몸과 같으니, 이를 일컬어 '모두 같음'이라고 한다. 몸에 있는 귀, 눈, 코, 입 등 여러 가지가 있고, 천지만물에는 오곡(五穀)과 사시(四時)의 계절 등이 있으므로 '다른 것이 많음'이라고 한다. 여러 가지 다른 것들이 많으면 만물(萬物)이 갖추어진다. 하늘은 우주 가운데에 만물을 부어 채우고, 성인은 이를 다 훑어봄으로써 동일한 속성과 이치를 알아낸다. 이러한 이치의 깨달음은 천지가 형성된 방도에 있고, 천둥과 번개가 생겨난 방도에 있으며, 물질 속에 있는 음과 양의 정기(精氣)에 있고, 백성과 금수(禽獸)들이 안락하고 화평한 바에 있다."[45]

---

45) 『呂氏春秋』, 「有始覽」, "天地萬物 一人之身也 此之謂大同. 衆耳目鼻口也 衆五穀寒暑也 此之謂衆異. 則萬物備也. 天斟萬物 聖人覽焉 以觀其類. 解在乎天地之所以形 雷電之所以生 陰陽材物之精 人民禽獸之所安平."

몸의 각 부위와 천지만물이 가지는 특수성을 인정하고, 그 다른 것들에 의해서 만물이 이루어진다는 것이다. 이와 같이 서로 다른 개체의 성질을 고려하지 않으면 전체의 통일성은 성립할 수 없다. 성역할에 대해서도 이런 관점을 동일하게 적용할 수 있다. 남녀는 서로 다른 특성을 가지고 있는 존재이다. 그러나 남녀는 고정된 실체가 아니다. 그들이 직면하는 상황 속에서 담당하게 되는 역할은 변화 가능하다. 그렇다고 해서 그 개체가 본래의 특수성을 버리고 상대편의 기질에 동화되는 것은 아니다.

　성역할이 고정된 것이 아니라는 것은 경제활동에 참가하는 여성들의 비율이 높아지는 사실을 통해서 알 수 있다. 이제 경제활동이 남성만의 성역할이라고는 할 수 없다. 경제적인 가족 부양은 남성, 가사노동은 여성의 담당이라는 이분법은 더 이상 남녀의 성역할을 설명하는 기준이 될 수 없다.

　이와 같은 사회구조적 변화는 탈현대사회에서 가속화될 것으로 예상된다. 사회구조가 변화하면, 성역할도 변화할 것이다. 아직 사례가 많지 않지만, 경제적인 부양은 아내가 책임을 지고 양육을 포함한 가사노동에 대한 책임은 남편이 지는 경우도 있다. 이와 같이 남성적인 혹은 여성적인 성역할이라는 획일적인 구분의 경계가 무너지고 있는 것이 현실이며, 이러한 변화는 탈현대사회에서는 더욱 급속하게 진전될 것이다.

　상황에 따라서 음양이 변역할 수 있는 것은 이들의 관계가 대대적이기 때문이다. 음과 양이 이분법적으로 분리되어 있다면, 상황에 따른 변역은 불가능하다. 이에 대한 구체적인 예를 『황제내경(黃帝內經)』의 다음 구절을 통해서 볼 수 있다.

"한기(寒氣)의 축적이 한계에 달하면 열기(熱氣)가 생기고 열기의 축적이 한계
　　에 달하면 한기가 생긴다."46)

　　『황제내경』의 위 구절은 음양사상을 통해서 체온의 변화를 설명하고 있다. 한기(寒氣)와 열기(熱氣)는 완전히 분리·독립되어 있는 것이 아니라, 유기적으로 연계된 가운데 그 성질의 강약(强弱)의 변화에 따라서 병증이 나타난다. 성역할 또한 남성적인 특성과 여성적인 특성을 인정하는 가운데, 개별 남녀의 만남의 상황에 따라서 각자가 담당하는 역할은 유동적으로 변화할 수 있다.

2) 조화(調和)의 관점에서 본 성역할

　　음양사상에서는 조화를 이상적인 관계로 본다. 조화는 서로 다른 특성을 갖고 있는 개체들이 상호 존중의 바탕 위에서 보완적인 상호 작용을 하는 가운데 이루어진다. 음과 양은 근본적으로 다른 특성을 내포하고 있다. 그러므로 양자 간의 조화가 가능하다. 『황제내경』에는 조화를 이상적인 관계로 간주하는 구절들이 많은데, 아래 인용구는 그중 하나이다.

　　"황제가 '진찰을 하려면 어떻게 하는가?'라고 물었다. 기백(歧伯)이 대답했다.
　　'반드시 먼저 그 형체의 비수(肥瘦)를 헤아려 이로써 그 기운의 허실(虛實)을
　　조절하되, [사기(邪氣)가] 실하면 사(瀉)하고 [정기(精氣)가] 허약하면 보(補)해
　　야 하는데, 반드시 먼저 그 혈맥이 응체(凝滯)된 것을 제거한 후에 조절해야
　　하니, 그 병을 불문하고 [음양이] 화평한 것을 목적으로 삼아야 한다.'"47)

---

46) 『黃帝內經』, 「陰陽應象大論篇 第五」, "寒極生熱 熱極生寒."

위의 구절은 나쁜 기운이 꽉 차면 없애 주고, 좋은 기운이 약해지면 보충하는 방법을 통해서 몸을 관리하는 법을 말하고 있다. 여기서 건강이란 음양이 조화를 이루고 있는 상태이다. 음과 양은 어느 한쪽만이 절대적인 가치를 가지는 것이 아니다. 양이 강하거나 음이 강한 것은 모두 불건전한 상태이다. 양이 약하거나 음이 약한 것도 마찬가지이다. 이상적인 것은 음과 양이 조화를 이루는 상태이다. 따라서 음과 양은 각각 충분한 가치를 가지고 있다. 음양은 서로를 존중하는 가운데 조화를 이루어야 한다. 다음 구절은 조화가 가지는 의미를 잘 보여 준다.

> "삼부구후(三部九候)의 맥상(脈象)이 서로 호응할 때 상하(上下)가 한결같아서 서로 조화를 잃지 말아야 하는데……."[48]

> "춘하추동(春夏秋冬)의 사계절에 따라 음양의 기운이 변화할 때 병이 생기는 까닭은 과용(過用)함에서 기인하는데 이것이 바로 [병을 일으키는] 일반적인 규율이다."[49]

위의 인용문은 음양의 조화가 가장 이상적인 상태이며, 조화의 여부가 건강 상태를 설명하는 기준임을 말하고 있다. 즉 서로 다른 두 개체(음양)는 조화를 이룸으로써 이상적이고 건강한 상태에 있게 되는 것이다. 이런 음양론의 관점을 성역할에 적용하면, 다음과 같다. 남성과 여성은 다른 성역할을 담당한다. 그것은 임신·출산이라는 생물학적인 차이에서 기인한다. 이런 차이는 남성과 여성

---

47) 『黃帝內經』, 「三部九候論篇 第二十」, "帝曰 以候奈何？ 歧伯曰 必先度基形之肥瘦 以調其氣之虛實, 實則寫之 虛則補之, 必先去其血脈而後調之, 無問其病 以平爲期."

48) 『黃帝內經』, 「三部九候論篇 第二十」, "九候之相應也 上下若一 不得相失……."

49) 『黃帝內經』, 「經脈別論篇 第二十一」, "故春秋冬夏 四時陰陽 生病起於過用 此爲常也."

의 성역할에 큰 영향을 미친다. 임신·출산의 기능을 담당하게 되는 여성들은 가족생활에서 보살핌의 성역할을 주로 수행하고, 남성들은 그런 가족을 경제적으로 부양하는 성역할을 담당한다.

이와 같은 남성과 여성의 성역할은 근본적으로 서로의 성역할을 존중하는 가운데, 상호 보완적인 성격을 가지고 있다. 즉 남성의 성역할과 여성의 성역할이 조화를 이룰 때, 이상적인 남녀관계가 형성될 수 있다. 조화가 이상적인 상태라는 것을 보여주는 『황제내경』의 다음 구절을 통해서 그 사상적인 원류를 더욱 분명하게 이해할 수 있다.

> "음양의 관건은 양기(陽氣)가 치밀하게 해야 비로소 음기(陰氣)가 견고해지는 것인데, 두 가지가 화합하지 못하면 마치 봄은 있으나 여름이 없거나 겨울은 있으나 여름이 없는 것과 같으니, 계절에 따라 화합하는 이것을 '성인(聖人)의 법도(法度)'라 한다."[50]

음양의 조화와 화합은 몸과 우주, 인간과 자연의 이상적인 관계를 설명하는 데도 그 지혜를 제공하고 있다. 『황제내경』에 대한 해설에서 김달호·이종형(2001: 455)은 "구침(九鍼)은 천지의 운행과 우주 자연의 변화에 호응하며 인체 역시 천지의 운행과 우주 자연의 변화에 상응하는 것이다. 그러므로 자연계에 천·지·인이 있듯이 인체에도 천부(天部)·지부(地部)·인부(人部)가 있고 각 부에는 또 삼후(三候)를 진찰할 수 있다. 삼부구후(三部九候)를 진찰하여 생사(生死)를 판단하는데 서로 조화를 잃은 경우는 죽고 상

---

50) 『黃帝內經』, 「生氣通天論篇 第三」, "凡陰陽之要 陽密乃固 兩者不和 苦春無秋 苦冬無夏 因而和之 是爲'聖度'."

하(上下)·좌우(左右)의 맥은 서로 호응하나 가지런하지 못할 경우는 병이 심해진다."고 하였다.

조화의 관점에서 성역할을 보면, 각각의 성역할이 갖고 있는 가치를 존중할 수 있다. 한쪽의 성역할에만 가치를 부여할 수는 없다. 양자의 성역할이 조화를 이루기 위해서는 상호 존중이 전제되어야 하기 때문이다. 이런 관점은 남녀를 대립적인 관계로 인식하고 성역할의 가치를 평가하는 현대 성역할 담론의 한계점을 해결할 수 있는 실마리가 된다.

성역할을 통한 남녀의 조화는 다음과 같은 사례를 통해서 알 수 있다. 남성과 여성은 가족의 형성기에는 경제적인 안정과 직업 영역에서의 자아실현을 위해서 경제적인 활동에 주력한다. 그 시기에 남성과 여성의 역할은 이분법적으로 대립되기보다는 경제적인 생활과 가사노동에서 협력적이고 상호 보완적인 특징을 가진다. 그리고 자녀 출산기에 직면하면, 여성은 어머니로서 양육에 대한 책임이 가중되고, 남성은 강도의 차이는 있겠지만 공동 양육의 책임을 가지게 된다. 남녀는 갈등을 통한 대립보다는 협조를 통한 조화를 추구한다. 조화를 이루기 위해서는 만남의 주체인 대상 간의 감응(感應)이 있어야 한다. 감응은 서로를 살려 주는 힘이며, 새로운 창조력과 생산력의 바탕이 된다. 아래의 구절들은 감응의 논리를 잘 보여주는 사례들이다.

"교통(交通)이 나타나지 않으면 만물의 생명력이 반드시 펼쳐지지 못하니, …… 천지의 기운과 사계절의 기후가 서로 질서를 지키지 못하여 천지자연의 운행 법칙과 서로 위배되면 오래가지 않아 절멸한다."51)

"천지는 만물의 상(上), 하(下)이고 음양은 혈기(血氣)의 남녀에 해당하며 좌우(左右)는 음양의 기운이 승강하는 통로이고 수화(水火)는 음양이 변화하여 생긴 흔적이니, 음양은 만물의 모태이다. 음은 안에 있으면서 양이 이를 지켜 주는 것이고, 양은 밖에 있으면서 음이 이를 따르는 것이다."52)

"음양의 기운이 끊임없이 이어지면서 순행하되 누적되면서 전화하여 일주(一周)하니, 기(氣)는 이부(裏部)에서 산포(散布)되어 형(形)의 영화로움이 바깥으로 드러나서 서로 조화가 이루어진다."53)

감응은 음양의 상호 작용이며, 관계의 양적·질적 변화를 위한 전제 조건이 된다. 남성과 여성의 감응은 외적으로 분리·독립되어 있는 것처럼 인식되는 성역할의 대립적인 구조를 극복하고 창조적인 관계로 발전하는 원동력이 된다. 천지자연의 음양 감응이 자연의 생산물을 창조하는 것과 마찬가지로 남녀의 감응은 새로운 생명의 탄생을 가능하게 한다.

3. 성역할에 대한 음양론적 접근의 의미

현대 성역할 담론은 전근대와 근대의 산물이다. 전근대사회는 남녀의 성역할을 분명하게 구분한다. 전근대사회는 남성 – 밖, 여성 – 안이라는 이분법적 구조를 가지고 있다. 근대의 눈으로 전근대사회

---

51) 『黃帝內經』, 「四氣調神大論篇 第二」, "交通不表 萬物命故不施 …… 天地四時不相保 與道相失 則未央滅絕."
52) 『黃帝內經』, 「陰陽應象大論篇 第五」, "天地者 萬物之上下也 陰陽者 血氣之男女也. 左右者 陰陽之道路也 水火者 陰陽之微兆也, 陰陽者 萬物之能始也. 故曰 '陰在內 陽之守也 陽在外 陰之使也.'"
53) 『黃帝內經』, 「陰陽離合論篇 第六」, "陰陽鍾鍾 積傳爲一周 氣裏形表 而爲相成也."

를 평가하면, 엄격한 성차별적인 구조를 가지고 있는 불평등한 사회라고 할 수 있다. 전근대사회의 성불평등적인 구조는 근대사회에 접어들어서 상당 부분이 해소되었다.

하지만 현대 성역할 담론은 전근대와 근대의 산물이기 때문에 새롭게 출현하는 탈현대사회에 부합하는 성역할 모델을 제시해 주지 못한다. 탈현대는 노동과 생산이 갖는 의미가 전근대와 근대보다 약화되는 시기이다.[54] 남성과 여성, 모두 생산적인 노동에 부여하던 의미가 점점 줄어들게 된다. 탈현대는 기존의 생산노동과 가사노동으로 구분되던 성역할이 해체되는 시기이다. 그러나 탈현대사회에도 생물학적인 성의 특징은 고스란히 남는다. 탈현대사회는 생물학적인 성에 따른 남녀의 성역할의 특수성을 인정하면서도, 남성은 경제적 부양자이고 여성은 가족 내 정서적 담당자라는 이분법적 성역할을 극복할 수 있는 새로운 개념을 요구한다. 본 연구는 그 해답을 음양론에서 찾고자 하였다. 성역할에 대한 음양론적인 접근은 다음과 같은 의의를 가지고 있다.

첫째, 음양론적인 접근은 성역할의 새로운 관점을 제시해 준다. 현대 성역할 담론은 성역할을 고정된 것으로 보고 있다. 고정된 성역할에 대한 관점은 변화하는 사회구조와 그에 따른 남녀의 성역할 변화를 반영하지 못한다는 한계를 가지고 있음에도 불구하고, 오랫동안 유지되어 왔다. 마치 성역할은 고정불변인 것처럼 인식되었다. 그러나 생물학적인 성역할을 제외한 영역은 시대적인 산물이며 고정된 것이 아니다.

---

54) 탈현대사회에서 생산활동의 의미변화에 대한 논의는 홍승표의 『깨달음의 사회학』(2002) 204쪽 이하를 참고하기 바란다.

음양론의 관점에서 성역할 담론을 다루면, 성역할은 더 이상 고정된 실체가 아니다. 음양의 변역(變易) 논리는 상황 속에서 변화하는 특수와 보편의 관계를 잘 설명해 준다. 이런 논리를 통해서 성역할이 사회적 구성물임을 확인하고, 사회구조적인 변화에 따라서 성역할도 시대의 요구에 맞게 새롭게 변화되어야 한다는 새로운 관점을 형성할 수 있다.

둘째, 음양론적 접근은 탈현대적인 성역할 모델을 제시할 수 있다는 의의를 가지고 있다. 현대 성역할 담론은 사회구조적 변화에 부응할 수 있는 성역할 모델을 제시하지 못하고 있다. 탈현대사회에서는 오늘날보다 생산노동의 의미와 생산활동에서 남녀의 영역 구분이 약해질 것이다. 이런 사회구조적인 변화를 고려하면, 음양론이 제시하는 시중(時中)적이고 조화를 추구하는 성역할이 탈현대적인 모델이 될 수 있다.

음양론의 시중(時中)적인 성역할의 관점은 상황 속에서 변화하는 성역할을 잘 설명해 준다. 그리고 조화로운 성역할의 관점은 상호 보완적인 남녀관계와 성역할에 대한 상호 존중을 추구할 수 있는 탈현대적인 성역할 모델을 제시해 준다.

셋째, 음양론적 접근은 현대 성역할 담론의 이론적 한계를 극복할 수 있는 대안을 제시할 수 있다. 현대 성역할 담론이 직면한 문제는 성역할 이론 자체의 세계관에서 기인하는 문제이므로 스스로 그 해결책을 제시할 수 없다. 앞에서 살펴보았듯이, 양성성의 추구를 통해서 현대 성역할 담론의 한계를 극복하려는 노력은 논리적인 모순에 빠져 있다. 양성성 이론은 모든 대립물들의 분리와 독립을 전제한다. 남녀 모두에게 양성성이 있다고 말한다. 하지만 양성성의 개념이 있기 위해서는 남성적 특징과 여성적 특징에 대한 개념 규정이 선행되어야 한다. 그리고 분리·독립되어 있는 남녀는 각각 남성적 특징과 여성적 특징만을 가질 수밖에 없다. 하지만 양성성 이론은 각각의 남녀 속에 양자의 특징이 모두 있다고 가정한다. 그러므로 이런 주장에는 논리적 모순이 있다.

음양론은 이런 문제점을 극복하는 데 기여할 수 있다. 음양론은 모든 존재의 근원적인 통일성을 전제로 한다. 음과 양은 둘이 아니다(不二). 음과 양은 하나이면서 둘이고(一而二), 둘이면서 하나(二而一)인 존재이다. 음양은 상함적(相含的)인 특징을 가지고 있다. 음은 양을, 양은 음을 자신 안에 품고 있다. 남성은 여성을, 여성은 남성을 자신 안에 품고 있다. 이런 음양론의 관점은 현대 성역할 담론의 양성성을 추구하는 논의가 가지고 있는 한계를 극복할 수 있는 이론적인 대안을 제시해 준다. 이런 의미에서, 현대 성역할 담론에 대한 음양론적인 접근은 현대사회를 넘어서 탈현대사회가 요구하는 이상적인 성역할 모델을 제시하는 데 기여할 수 있을 것이다.

제3장

유교 남녀관계관과 가족

한국사회가 어떤 특징을 갖고 있는 사회인가를 논의할 때, 우리는 흔히 한국을 유교적 전통을 갖고 있는 사회라고 말한다. 그리고 현대 한국사회가 가지고 있는 많은 문제의 원인을 유교적 전통에서 찾는 데 익숙하다. 특히 유교의 남녀관계에 대한 입장은 근대 페미니즘의 관점에 의해서 버려야 할 낡은 사상으로 치부되었다. 페미니즘에서는 유교의 남녀유별사상을 남성과 여성의 차별이라고 전제하고 있으며, 나아가 남성의 여성에 대한 지배와 여성의 복종을 윤리적 규범으로 가지고 있다고 말한다. 이런 남녀 불평등의 관점은 개인보다는 가족을 중시하는 유교문화와 결합하여, 극단적인 여성의 희생을 요구하는 것으로 해석되고 있다.

페미니즘의 관점으로 한국사회의 유교를 바라보면, 유교야말로 현존하는 남녀문제의 결정적인 원인이다. 그렇다면 유교적 전통이 사라진다면 남녀관계의 문제들이 해결될까? 선뜻 그럴 것이라고 답을 내리기는 쉽지 않은 것 같다. 왜냐하면 남녀문제는 다양한 요인에 의해서 발생하는 것이기 때문이다. 이런 근본적인 문제를 접어 두더라도 현실 속의 유교를 이해하고 평가하는 데 엄청난 편견이 작용하고 있다. 유교가 현대사회의 남녀관계 속에 어떻게 작용하고 있는가를 제대로 이해하기 위해서는, 먼저 우리가 보고자 하는 유교가 무엇인지를 정리해야 할 필요가 있다.

1. 현대 남녀관계와 유교의 흔적

현대사회에서 쉽게 만나는 유교는 여성에게는 억압적인 특징을 가지고 있다. 그것은 불평등한 남녀관계를 정당화하고 강화시키는 봉건적인 요소를 갖고 있기 때문이다. 그렇다면 왜 이런 유교의 부정적인 측면만 살아남아 있는 것일까? 그것은 한국사회가 전통을 창조적으로 계승하는 과정을 경험하지 못했기 때문이다. 근대화 과정을 거치면서 서구적인 것은 이상적인 것으로, 전통은 낡고 뒤떨어진 것으로 간주되어 왔다. 그런 과정에서 무분별하게 전통을 폄하하고 버린 결과, 전통문화 가운데 고급문화는 소실되고 시대에 맞지 않고 낡은 모습만 잔존하게 되었다.

이런 근대화 과정의 문화변동은 남녀관계 속에도 잘 드러난다. 오늘날 남녀관계는 서구적인 관계모델이 지배적이다. 특히 젊은이들과 지식인들은 봉건적인 남녀관계를 비판하고 서구적인 남녀관계를 이상적인 모델로 받아들이게 됨으로써 유교적 전통은 사회 주변부에만 존속하고, 결국 오늘날 남아 있는 유교적 전통은 시대에 맞지 않고 뒤떨어진 부분에 국한되게 되었다. 그 결과 전통이라고 하면 비현대적이고 부정적인 것으로 치부되었다. 이런 유교의 모습은 '남성 중심의 관계 짓기'와 '가족 중심의 남녀관'으로 나타난다.

1) 남성 중심의 관계 짓기

유교적 전통의 잔재로는 호주제, 남아선호사상, 남녀유별사상 등이 있다. 얼마 전 헌법재판소는 호주제가 위헌이라고 판결하였다. 호주제는 남성, 즉 아버지를 중심으로 가계를 계승하는 이데올로기적인 바탕을 가지고 있다. 남자 아이들에게는 부계혈통을 수호하고 대를 잇는 것이 중요한 의무가 된다. 그러므로 자연스럽게 남아선호사상이 지배하게 되고, 지나친 남아선호사상은 성비의 불균형을 초래한다. 통계청의 발표에 의하면, 2007년 남녀 성비는 여아 100명에 남아 106.1명이다. 남녀 성비의 불균형은 첫째 아이보다는 둘째 아이에서 더 심하게 나타나고, 셋째 아이에서는 남아의 비율이 더 높게 나타난다. 이것은 아들을 낳기 위해서 둘째, 셋째 아이를 낳기 때문에 나타나는 결과이다.

유교는 남녀란 서로 근본적으로 다르다는 점을 전제로 하여 남녀관계를 인식하고자 한다. 다르므로 상호 간에 엄격하게 유별(有別)하여야 한다고 생각한다. 그 다름을 잘 지켜 나가는 것을 통해서 궁극적인 조화에 도달하는 것을 이상으로 한다. 그러나 이런 남녀유별의 사상은 신분제적 사회구조 속에서 실현될 때, 남녀 불평등으로 작동하였다. 따라서 오늘날과 같이 평등을 추구하는 시대에 어울리지 않는 남녀관계의 모델이 유교와 전통이라는 포장을 하고 현실 속에 잔존하고 있다.

2) 가족 중심의 남녀관

유교적 전통은 개인과 집단의 관계를 규정하는 가운데 철저하게 개인을 억압하고 집단에 대한 헌신을 요구한다. 강력한 가족주의로 대표되는 이런 구조가 남녀관계를 규정할 때, 성별분업구조를 엄격하게 규정하고 가부장적인 지배를 정당화하게 된다. 따라서 유교적 전통 속에서 남성과 여성의 삶은 개인적인 욕구와 욕망을 철저히 관심의 영역에서 배제하고, 가족을 구성하는 아버지와 어머니의 역할에 초점을 맞추게 된다. 그러므로 개인의 삶에 대한 가치와 평가 또한 가족의 안녕과 직결된다. 가족을 위해서는 개인적인 희생이 있더라도 기꺼이 감수하는 자세를 가져야 한다.

고령사회로 인한 노인인구의 증가와 부양의 문제는 현대사회의 심각한 사회적인 문제이지만, 한국사회에서는 여전히 가족문제다. 부모님을 부양하는 자식들은 유교적 전통을 잘 지키는 모범이 되고, 그렇지 않으면 세상에 죄를 짓는 것이 된다. 노부모와 갈등이 발생하더라도 사회적인 책무 때문에 부양을 거부할 수가 없다. 그만큼 보이지 않는 유교적 효 관념이 개인의 삶을 규제하고 있다. 우리는 주변에서 흔히 몸이 불편한 노부모를 사회적인 인식 때문에 병원에 위탁하지 못하고 스스로 부양하면서 고통을 받는 예를 볼 수 있다. 전문병원에서 질적으로 나은 의료서비스와 보살핌을 제공할 수 있지만, 모든 가족이 환자로 인한 피해를 받더라도 감수하고, 가족 속에서 문제를 해결하려는 방식에 익숙하다.

하지만 고령사회가 확대되면 노인으로 혹은 절대적인 보살핌의 대상으로 살아가야 할 시간은 더욱 길어질 것이다. 그것을 효에 대한 의무감 때문에 가족에게 떠넘기는 것은 여러 가지 차원에서 불행을 자초하는 일이 될 것이다. 더욱이 이런 가족의 책임이 가족 구성원 가운데 며느리, 어머니, 아내에게 집중됨으로써 가족에 대한 억압적인 희생의 요구는 여성이 감당해야만 한다. 그러나 사회적인 차원에서 우리는 이 문제에 대한 언급을 회피하거나 전통을 잘 유지한다는 의미에서 솔직한 논의를 뒷전으로 미루는 감이 없지 않다.

청소년문제도 마찬가지의 경우이다. 급변하는 사회구조 속에서 청소년들은 심각한 유해환경에 노출되어 있다. 아무리 눈과 귀를 가리려고 해도 거대한 현대문명의 폭력성으로부터 청소년들을 보호하기는 쉽지 않다. 대부분의 청소년들은 인터넷의 상업적인 성인용 사이트에 무방비로 노출되어 있다. 여고생이 학교 화장실에서 출산을 해서 세상을 놀라게 하기도 했고, 원조교제가 세인들의 눈을 찌푸리게 만들었으며, 성적을 비관하는 학생들이 자살을 해서 마음을 아프게 하기도 했다.

그럼에도 불구하고 이런 청소년문제도 가족의 책임으로 돌려졌다. 특히 어머니의 역할에 대한 의문과 책임론이 어머니 노릇 하기를 부담스럽게 만들고 있다. 자녀교육은 어머니의 몫이라는 비현실적인 성별분업구조를 적용시킨 결과이다. 오늘날처럼 여성의 사회참여 확대와 경제적 이유로 인해서 맞벌이 부부가 증가하고 있는 상황에서 아내 혹은 어머니에게만 전통사회의 성역할 분업구조를 그대로 기대하는 것은 시대착오적인 발상이라고 할 수 있다.

하지만 한국사회의 많은 아내와 어머니들은 유교적인 전통이 요구하는 자신들의 역할을 묵묵히 수용하여, 조강지처·아줌마 등과 같은 이미지를 수용하면서 가족주의의 전사로 자신을 무장하고 있다. 한국사회의 특징을 드러내는 높은 교육열, 가족 이기주의의 중심에 그들이 서 있다. 여성들은 희생을 강요받으면서 동시에 그 문제로 인해서 파생되는 문제 때문에 비난의 대상이 되기도 한다.

이와 같은 현실 속에서 유교적인 남녀관계를 분석할 때, 준거는 각 시대마다 다른 유형으로 나타났던 유교가 영향을 미친 남녀관계가 되어 왔다. 가장 대표적인 예가 될 수 있는 것은 조선시대의 남녀관계이다. 이것은 역사 속에 있었던 것임에는 분명하지만 유교사상이 규정하는 남녀관계는 아니며, 유교이념의 이상적인 남녀관계도 아니다.

정작 유교 속에서 현실의 남녀관계의 문제를 해결하고 창조적인 남녀관계의 형성을 위한 소재가 될 수 있는 것은 이상적인 남녀관계에 대한 대안이 있음에도 불구하고 이에 대한 논의는 거의 이루어지지 않고 있다. 왜 그런 것일까? 그것은 우리의 현실 속에 유교이념에 바탕한 이상적인 남녀관계의 모델이 거의 남아 있지 않고, 남아 있다고 하더라도 그 영향이 미미하여 잘 드러나지 않기 때문이다. 유교의 흔적으로 현실 속에 남아 있는 것은 버려야 마땅할 부분이다.

　봉건사회에서 남녀관계를 얽어매고 있던 불평등의 구조는 이제 더 이상 비판의 대상으로 삼을 여지도 없을 만큼 상식적인 주제가 되고 말았다. 즉, 유교가 지배적이었던 중세 한국사회의 남녀관계의 불평등한 구조를 새삼스럽게 연구와 비판의 대상으로 삼을 필요는 없을 것이다. 더욱이 탈현대의 대안을 마련해야 하는 작금의 시대적 요구를 생각한다면, 본래의 유교적 이념 속에서 규정하는 남녀관계에 대한 규정을 통해서 현대사회의 문제해결을 위한 실마리를 찾는 것이 현명하다. 그런 의미에서 조선시대의 남녀관계에 대한 비판 활동은 근대화 초기에 과거 봉건사회의 유습을 타파하기 위한 노력의 일환으로 이미 그 역할을 다했다. '현실의 남녀관계 속에 유교가 어떤 모습으로 자리 잡고 있을까'에 대해 쓰면서, '남녀 속에 유교가 잔존하고 있기는 한 것일까'라는 근본적인 의문이 든다. 왜냐하면 현실의 남녀 속에서 유교적 전통을 지키며 살아가는 모습은 발견하기가 쉽지 않기 때문이다. 엄격하게 부부유별의 전통을 지키는 사람은 구시대의 유물쯤으로 생각되고 현실 속에서 찾아볼 수도 없다. 오히려 대부분의 부부들은 친밀하고 친구 같은 부부모델을 추구하고 있으며, 부부관계를 통해서 자신의 욕구를 충족시키는 것에 관심이 집중되어 있다. 이런 변화와 함께 세계 최고의 이혼율이 오늘날 한국사회 부부의 현주소를 잘 보여 준다.

　그리고 남녀에게 이중적으로 적용되는 불평등한 성윤리는 오늘날 급격하게 파괴되고 있다. 정절과 순결의 이데올로기는 약화되고 성 관념은 혼란을 거듭하고 있다. 최근에는 고교생들의 성관계를 당연시하거나, 확대 포장하여 상품화하는 경향도 나타나고 있다.

고교생들의 성에 대한 관심을 다룬 <몽정기 1, 2>와 같은 영화가 대표적인 경우이다. 그리고 일회적인 연애와 욕구충족을 위한 수단으로서의 성을 당연시하는 경향이 있다.

또 유교사회를 유지하던 가장 중요한 이념인 효사상도 약화되어, 부모봉양의 의무와 가(家)를 삶의 중심에 두는 사람은 거의 사라져 버렸다. 여성들은 결혼의 중요한 조건으로 장남이 아닐 것을 내세우고, 시집살이에 대한 거부감은 상상을 초월한다. 그리고 최근의 저출산과 저혼인 현상을 통해서 본다면, 유교적 전통의 뿌리인 부권제에 의한 가족 계승의 가치는 근본에서부터 와해된 현실과 만나게 된다. 이런 혼란으로부터 벗어날 수 있는 답을 유교적 남녀관계관에서 찾을 수 있다. 그것은 유교이념 속의 이상적인 남녀관계관이 현대의 남녀관계에서 창의적으로 실현되는 과정에서 가능하다.

2. 현실 남녀문제의 대안으로서의 유교

유교이념 속의 이상적인 남녀관계관은 어떻게 현재 직면하고 있는 서구적인 남녀관계의 문제를 극복할 수 있는 대안이 될까? 현대사회를 지배하고 있는 페미니즘의 문제와 한계는 무엇일까? 페미니즘의 문제와 한계는 그들이 추구하는 목표가 남녀관계의 평등에 있다는 점에서 기인한다. 이런 페미니즘 사상은 확대 적용되고 이론적으로 발전할수록 남녀관계가 파괴될 수 있는 여지가 있다. 실제로 페미니즘적 시각이 남녀관계를 지배하게 되면서 남녀 불평등의 사회구조를 변혁시키는 데는 상당한 기여를 하였지만, 남성들의 남성성 억압과 여성들의 여성성 억압이라는 근본적인 문제에 직면하게 되었다.

페미니즘이 봉건적인 질서가 유지되던 근대화 초기에는 남녀 불평등의 문제를 해소하기 위한 유용한 대안이 되었지만, 오늘날처럼 대립적이고 적대적인 남녀관계가 문제의 원인이 되는 사회에서는 해법을 제공하지 못한다. 즉 페미니즘의 평등사상은 봉건적인 불평등을 해소하기 위한 방법을 제시해 줄 수는 있지만, 남녀관계의 궁극적인 목표가 될 수는 없다.

그러므로 여기서는 현대 페미니즘이 직면한 문제를 해결하기 위해서 유교적 남녀관계관 속에서 대안을 찾아보고자 한다. 유교적 남녀관계관의 바탕은 음양론이다. 이것은 조화와 균형을 추구하는 관점이라고 할 수 있다. 이 관점은 근본적으로 다른 남녀의 존재를 전제로 하고 있다. 그 다름에 대한 인정이 이상적으로 실현되면 예(禮)로 드러난다. 이런 전통을 찾아보면, 전통혼례에서 남녀가 서로를 존중함을 드러내는 맞절하기, 부부간의 경어 사용, 남녀의 공간을 안채와 사랑채로 구별하여 서로의 거리를 유지하였던 것 등이다.

음양론은 다음과 같은 이유에서 현대 페미니즘의 문제를 해결하고 창조적인 미래의 남녀관계 모델을 구축하는 기초가 될 수 있다. 첫째, 음과 양은 분리, 독립된 범주가 아니며, 근원적인 통일성을 가지고 있다. 그러므로 남녀를 바라보는 관점도 분리·독립된 개체로 이해하지 않는다. 음과 양은 태어나는 순간부터 함께할 수밖에 없다. 음이 없는 양은 존재할 수가 없고 양이 없는 음의 존재 역시 성립되지 않는다. 남성이 없는 여성, 여성이 없는 남성은 존재할 수 없다. 그러므로 남녀는 하나 속의 둘이라고 할 수 있다. 즉 남녀는 통일체적인 관계이다.

음양은 상함적(相含的) 특징을 가지고 있으므로, '음중양(陰中陽) 양중음(陽中陰)'한다. 그러므로 현대 페미니즘의 대립적이고 분리·독립된 존재로 남녀를 이해하는 관점에서 비롯되는 한계를 음양론을 통해서 극복할 수 있다. 이런 통일체적 남녀관계를 인식하게 되면 적대적인 남녀관계관으로부터 자유로워질 수 있다.

둘째, 음과 양은 역동성을 가지고 있다. 그러므로 남녀관계도 역동적이다. 음과 양은 음이 충만하여 극에 달하면 양으로, 양이 충만하여 극에 달하면 음으로 전화한다. 그리고 음과 양의 역동성은 상호 영향을 전제로 하고 있다. 음과 양은 끊임없이 서로의 존재에 영향을 미친다. 즉 음과 양은 그 자체가 불변의 실체가 아니라는 것이다. 음양이 절대의 세계가 아니고 반드시 마주 보는 대상이 있는 상대적 체계이듯이, 남녀관계 속에서도 형성하는 관계에 따라서 다른 음양의 기질로 관계를 경험하게 된다. 어머니와 아들은 본질적으로 어머니는 여성으로서 음의 기질을 아들은 남성으로서 양의 기질을 가지지만, 어머니와 아들의 관계 속에서 어머니는 아들에 대한 보호자이므로 양의 역할을, 아들은 어머니에 대해서 음의 역할을 하게 된다.

셋째, 음과 양은 상호 보완성을 가진다. 남녀관계도 상호 보완적인 관계이다. 음양의 상호 보완성은 관계의 궁극적인 목표가 조화와 균형의 관계임을 통해서 잘 드러난다. 그리고 이상적인 관계를 실현하는 것은 상호 존재에 의해서 이루어진다. '獨陰不成, 獨陽不生'은 조화(調化)를 강조하는 음양사상의 개념이다. 조화와 균형의 유지는 존재의 건강성을 의미하는 것이다. 몸속에서 음양의 조화가 이루어지면 아주 건강한 상태임을 말하는 것이고, 남녀 간에 조화와 균형이 이루어지면 감응이 잘 이루어지는 것이고 창조적인 생산을 할 수 있다는 것을 말한다. 여기서 다시 한 번 음양, 남녀의 엄격한 다름이 상호 보완이 가능할 수 있는 이론적인 근거임이 분명해진다.

3. 현대 남녀 속에 살아 있는 유교

'남녀 속의 유교'는 유교적 관념이 규정하는 이상적인 남녀관계와 유교가 지배하던 역사적인 상황 속에서의 남녀관계로 나누어 볼 수 있다. 그러나 현대사회의 남녀 속에서 관찰할 수 있는 유교는 주로 유교가 지배하던 역사적인 상황 속의 남녀관계에 집중되어 있었다. 그러나 이런 관심은 현대사회에 살아 있는 유교의 자취를 찾는 것이 아니다. 오늘날 그 가치와 에너지를 전혀 가지고 있지 않는 과거의 버려야 할 유교적 잔재에 대한 관심에 불과하다. 즉 유교사상을 시대적 상황과 결합하여 역동적으로 변화하는 살아 있는 사상으로 보지 않고, 특수한 역사적 상황에서 드러났던 유교적 사례가 유교라고 보는 한계를 가지고 있다. 이런 생각은 유교에 대한 폄하와 오해로 연결된다.

만약 우리의 관심을 역사적 상황 속에서 유교가 영향을 미쳤던 조선시대의 남녀관계에 대한 사례에만 집중한다면, 다음과 같은 오류에 직면하게 될 것이다.

첫째, 특정시대 속의 유교적 남녀관계를 '남녀 속의 유교'의 전부라고 생각하는 개념적 오해에 빠지게 된다. 즉 조선시대의 남녀관계는 조선사회라는 신분질서가 존재하는 특수한 시대상황과 유교의 남녀관계관이 결합되어 구체화된 것이다. 그러므로 그것이 유교의 남녀관이라고 보는 것은 착각에 불과하다.

둘째, 현대사회에 잔존하는 봉건사회의 불평등한 남녀관계를 비판하는 것은 현실의 남녀문제를 해결하는 데 답을 제공해 줄 수 없을 뿐만 아니라, 유교사상의 가능성을 무시하는 오류를 범하게 된다. 조선시대의 남녀관계가 현실에 강력한 뿌리를 내리고서 시대에 맞지 않는 남녀관계를 우리들에게 강요할 때, 이는 비판의 대상이 될 수 있으나 우리의 현실이 이렇다고 말할 수는 없다. 그러므로 오히려 관점의 전환을 통해서 살아 있는 유교를 보기 위한 노력이 필요하다.

페미니스트뿐만 아니라, 유교를 전공하는 사람들도 남녀문제에 직면하면 유교의 남녀 불평등적 구조를 시인한다. 그것은 시대마다 다른 유형을 보이는 '남녀 속의 유교'의 모델 가운데 하나인 조선시대의 유교적 남녀관계를 유교적 남녀관계의 모델로 한정 짓고 있기 때문이다. 그런 관점을 통해서 유교를 이해하면, 유교는 생명력을 가지고 있는 사상이 아니다. 과거의 것에 불과하다. 오히려 조선시대의 유교적 남녀관계를 통해서 남녀 불평등의 구조를 비판하는 작업은 이미 기능이 없어지고 시대에 맞지 않는 사상을 대상으로 흘러간 논쟁을 기억해 내는 것과 다르지 않다.

그러나 유교의 이상적인 남녀관계관은 지금은 그 에너지가 미약하지만, 창의적인 남녀관계를 위한 사회사상이 될 수 있다. 유교적 남녀관계관은 이 시대의 사회적 상황과의 만남을 통해서 창의적인 남녀관계관의 모델을 제시해 줄 수 있다. 그것은 유교사상의 남녀관계관이 현대 남녀문제에 대한 해법을 가지고 있기 때문이다.

서구 페미니즘의 유입과 급속한 사회의 변화로 인하여 한국사회의 남녀관계는 전격적인 변화를 경험하였다. 봉건시대의 불평등한 남녀관계에 대한 반감은 남녀평등의 추구라는 신념으로 남녀관계를 지배하기 시작하였다. 그 결과 남성들이 사회적으로 전횡했던 성적 자유를 여성들도 경험하게 되었고, 여성들은 경쟁사회에서 남성들 못지않은 실력을 인정받기 위해서 강한 여성이 되어야 했다. 가족을 중시하던 문화는 이혼과 저출산, 저혼인 현상으로 대체되었다.

이런 변화의 끝에서 남성과 여성은 인간적인 행복을 누리고 있을까? 서로에 대한 신뢰와 존중이 빠져 버린 욕망을 추구하는 대상으로 전락되어 버린 성, 남성과 여성의 본래 기질을 억압하고 강함만을 추구해야 하는 상황, 정서적 안정을 제공해 주던 가족이라는 공간이 파괴되고 가치를 상실해 버린 현실, 이런 변화는 오늘날을 살아가는 남성과 여성을 억압하는 갈등의 요인이 되고 있다.

이 문제에 대한 해답을 유교사상의 남녀관계관은 제시해 줄 수 있다. 조화와 균형을 이상으로 하는 음양론은 적대적 대립의 관계로 이해되던 남녀관계를 해소하기 위한 대안을 제시해 줄 수 있다. 그리고 남녀평등을 추구하는 과정에서 경험하는 성 억압적인 경험은 상호 존중과 신뢰 가운데 예(禮)의 실현을 통해서 극복의 방법을 찾을 수 있다. 여기서 화석화되어 있는 과거의 유교가 아닌, 시대 속에 생명력을 가지고 있는 유교에 대한 관심이 가능하다.

제4장

유교 페미니즘과 남녀관계관

근대 이전까지 여성들은 열악한 사회·경제적 지위를 감수하면서 역사의 그늘 속에서 살아왔다. 19세기 서구사회에서 출현한 페미니즘은 남성과 여성 간의 불평등의 문제를 드러내고, 여성들을 자유로운 삶의 주체로 부각시킴으로써, 오랫동안 삶의 질곡에서 여성들을 해방시키는 데 커다란 기여를 하였다. 그러나 오늘날에 이르러서 페미니즘이 갖고 있는 관점 자체가 새로운 성문제 발생의 원천이 되는 등 페미니즘은 위기를 맞이하고 있다.

여성들은 현실의 생활 속에서 많은 불평등과 불이익을 받아 왔을 뿐만 아니라 학문의 세계에서도 남성 중심적인 인간이해가 만연하고 있었다. 이러한 남성 중심성에 대한 비판적 인식은 페미니즘의 학문적 출발의 중요한 계기가 되었다. 페미니즘은 현실과 관념의 세계에 존재하는 모든 성불평등의 문제를 다양한 관점에서 제기하여 왔다. 하지만 관점의 차이에도 불구하고 현재까지의 모든 페미니즘 이론들은 근대 서구적 세계관을 토대로 하고 있다. 그러나 현대 문명 건설의 세계관적 토대가 되었던 근대 서구의 세계관은 오늘날 심각한 위기를 맞고 있다. 이에 따라서 페미니즘을 포함해서 근대 서구적 세계관을 토대로 하여 발전해 온 모든 사회과학들은 학문의 위기에 직면하고 있다.

1. 서구 페미니즘의 관점

1) 서구 페미니즘의 세계관적 토대

페미니즘은 현대 사회의 남성 중심성을 비판하였지만, 여타의 현대 학문과 마찬가지로 근대 서구적 세계관을 토대로 하고 있다. 근대 서구적 세계관의 요체는 '모든 존재들 간의 근원적인 분리'를 전제하는 이원적 세계관이다. 이원적 세계관은 물질과 정신, 주체와 객체, 개인과 사회, 인간과 자연, 차안과 피안 등의 대립적인 범주들 간의 근원적인 분리를 전제하고 있다(홍승표, 2000).

특히 페미니즘의 형성과 발전에 직접적인 영향을 끼친 것은 계몽사상과 진화론이다. 계몽사상과 진화론은 인간을 분리·독립된 개체로 인식한다. 17세기에서 18세기에 걸쳐서, 영국, 프랑스, 독일 등 서유럽 사회를 풍미하였던 계몽사상은 이성을 무기로 하여 무지, 부자유, 불평등 등 몽매함을 일깨우겠다는 철학 운동이었다. 계몽 사상가들은 인간을 분리·독립된 개체로 인식하였으며, 이에 따라서 개인주의와 자유주의 사조를 발전시켰다. 인간의 개성, 자유, 평등은 지고의 가치로 인식되었고, 이러한 가치를 억압하는 신분제와 같은 사회 제도는 가차 없는 비판의 대상이 되었다. 인간은 천부적으로 자유로운 존재이며, 자율성과 독자성을 가지고 있는 역사의 창조자로 간주되었다(전경갑, 1993). 페미니즘은 계몽사상으로부터 자유와 평등의 이상을 계승하였다. 그리고 여성을 부자유스럽게 구속하고, 성적 불평등을 강제하는 가족, 교육, 법률, 종교, 정치 등 모든 사회 제도를 사회적 악으로 규정하고 이를 개선하고자 하였다.

페미니즘이 계몽사상으로부터 자신이 추구하는 이상적 가치와 문제 인식의 틀을 빌려 왔다면, 현실의 문제를 해결하고 이상을 실현하기 위한 방법을 제공받은 것은 진화론이었다. 진화론은 분리·독립된 존재로서의 개체를 전제하고, 개체들 간의 대립과 투쟁을 관계의 기본적인 성격으로 규정하고 있다. 다윈(Charles Darwin)에 의해서 체계화된 진화론적 세계관의 요체는 모든 생명체의 요구와 환경의 부양 능력 간에는 구조적 불균형이 존재하기 때문에, 모든 생명체들은 필연적으로 생존을 위한 투쟁을 벌이게 되며, 자연 도태와 적자생존의 과정을 거치면서 진화가 이루어진다는 것이다. 진화론은 대립물 간의 관계를 인식하는 독특한 모형을 개발하였는데, 원래 분리된 개체들 간의 적대적 대립이라는 것이 그것이다.

이것은 상호 간의 사랑, 이해, 용서, 자기희생을 가르친 전통 도덕률이나 종교의 가르침과는 정면으로 상반되는 것이다. 진화론의 관점에서 보면, 대립물 간의 정상적 관계는 생존을 위한 경쟁, 투쟁, 상호 반목이며, 이를 통해서 진화가 이루어지게 된다. 이러한 진화론적 세계관은 급속히 확산되어 인간과 인간, 인간과 사회, 인간과 자연을 포함한 모든 대립물을 인식하는 기본 틀로 자리 잡게 되었다(홍승표, 1999). '대립물 간의 적대적 대립관'과 '투쟁에 의한 발전'이라는 진화론이 제기한 발전의 원리는 페미니즘에 수용되어, 여성 문제에 대한 인식과 해결 방법으로 활용되어 왔다.

2) 남녀관계에 대한 페미니즘의 관점

계몽사상과 진화론적 세계관은 페미니즘이 남녀관계를 바라보는 방식에 결정적인 영향을 미쳤다. 근대 서구적 세계관의 영향을 받은 페미니즘의 남녀관계에 대한 기본 입장을 정리하면 다음과 같다.

첫째, 페미니즘은 남성과 여성을 근본적으로 분리, 독립된 범주로 인식한다. 페미니즘에서 논의하는 남성과 여성은 각자 자신의 개성과 자율성을 갖고 있는 분리, 독립적인 개체이다. 근대 서구적 세계관에서 말하는 분리는 일시적, 잠정적, 과정적 분리가 아니라, 본질적, 본성적, 원초적 분리이다. 이렇게 분리된 범주로서의 남성과 여성은 서로 간의 사랑과 감응을 통해서 하나 됨이 불가능하다. 그러므로 페미니즘에서는, 사랑이나 감응과 같은 남녀 간의 창조적인 관계를 주장하기보다는, 개별자로서의 여성의 자유, 독립, 평등

등을 궁극적인 가치로 추구하게 되었다.

둘째, 페미니즘에서는 남성과 여성을 평등한 존재라고 본다. 계몽사상은 인간이란 이성과 합리성을 갖고 있는 자유롭고 평등한 존재라고 주장하였다. 이러한 계몽사상의 인간관의 영향을 받은 페미니즘은 현실 속에서 나타나는 성불평등을 여성의 비인간화의 핵심적 양상으로 인식하고, 남녀관계의 평등을 추구하였다. 페미니즘은 역사적으로 존재해 왔던 성 간의 불평등을 비판하고, 평등을 주장하면서 근대 학문의 세계에 진입하였다. 따라서 페미니즘은 다양한 이론적 스펙트럼을 보이고 있지만, 모든 이론들은 공통적으로 남녀평등을 목표로 추구하여 왔다. 페미니즘은 이론 형성의 초기 단계에서는 남성과 동일한 능력을 발휘했던 뛰어난 여성들을 부각시키는 연구에 주력하였다. 다음 단계로 성불평등을 중심으로 한 피해자로서의 여성에 대한 고찰이 이루어졌다. 그 다음 단계에서는 여성적 가치를 재평가하는 작업과 남녀의 사회적 관계에 대한 연구가 중심을 이루었다. 이러한 페미니즘 연구의 궁극적인 목표는 남성과 여성의 평등한 관계를 실현하는 것이었다.

셋째, 페미니즘은 남성과 여성의 관계를 이해관계가 상반되는 적대적 대립 관계로 인식한다. 진화론은 모든 생명체들은 살아남기 위해서 서로 생존 경쟁을 벌여야만 한다고 주장함으로써, 적대적 대립관을 확립하였다. 진화론의 이러한 입장이 페미니즘의 남녀관계에 영향을 미친 결과, 페미니즘은 여성과 남성의 대립을 이해관계가 서로 반목하는 적대적 대립으로 인식하게 되었다. 페미니즘은 남성 중심성을 비판하여 왔다. 비판의 궁극적인 목표는 인간해방의 추구이며, 그것은 남성과 여성이 성으로부터 가해지는 억압적인 구조로부터 자유로워지는 것을 말한다. 페미니즘은 이러한 비판 과정에서, 남성을 성불평등의 원인 제공자로 규정하고, 남녀의 관계를 적대적인 대립 관계로 인식하였다.

넷째, 현대 페미니즘은 남녀관계에서 드러나는 문제의 해결을 위해서 갈등과 투쟁의 방법을 채택하였다. 페미니즘은 남성과 여성을 이해관계가 대립하는 것으로 인식하기 때문에, 남성과의 경쟁, 갈등, 투쟁을 통해서 여성의 해방이 이루어질 수 있다고 주장하였다. 페미니즘의 관점에서 볼 때, 역사 속에서 남성은 여성을 지배하고 착취해 왔다. 남녀관계에 대한 갈등적 측면을 부각시키는 이러한 관점은 다아렌도르프(Ralf Dahrendorf)의 갈등 이론에서 더욱 발전하게 된다. 갈등 이론에서 주장하는 지배 집단과 피지배 집단 간의 갈등 관계는 남성과 여성의 관계에 적용하여 설명할 수 있다.[55] 갈등 이론의 영향을 받아서, 페미니즘은 희소한 자원의 분배를 두고서 벌어지는 끊임없는 갈등 관계로 남녀관계를 이해하고 있다.

분리, 독립된 존재로서의 인간과 궁극적 가치로서의 자유와 평등, 갈등과 투쟁을 통한 여성의 해방이라는 페미니즘의 기본 틀은 바로 상기한 서구 근대적 세계관에 바탕을 두고 있다. 페미니즘은 이러한 신조를 바탕으로 하여, 전근대적인 남성의 여성에 대한 억압과 폭력, 차별과 불평등의 문제를 해결해 나가기 위해서 노력하였고, 여성의 사회적 지위를 혁명적으로 개선시키는 데 기여하였

---

55) 갈등 이론에 의하면 지배 집단은 지배 이데올로기의 형성과 피지배 집단에 대한 교육 과정을 통해서 지배를 안정시키는 데 주력한다. 그러나 피지배 집단은 이러한 지배 이데올로기의 실상을 파악하고, 자신들의 진정한 집단 이익을 실현시키기 위해서 집단 이익을 의식화하려고 시도한다. 그러한 노력은 집단의 조직화 과정으로 나타나고 결과적으로 지배 집단과 피지배 집단은 갈등 관계에 직면하게 된다.

다. 그러나 이와 같은 남녀관계관은 페미니즘의 성립 초기 단계에는 역사 속에서 신음하던 여성의 해방에 기여하는 실천적 의미가 있었지만, 오늘날의 남성과 여성의 관계를 설명하고 발전시켜 나가기 위한 관점으로서는 한계를 가지고 있다.

3) 서구 페미니즘의 한계

페미니즘은 남성과 여성의 관계를 적대적 대립의 관계로 인식하여 왔다. 그러나 이러한 관계관은 현실에서 나타나는 남녀관계의 일 측면에 대해서는 설명할 수 있지만, 인간의 행복한 삶과 창조적인 남녀관계의 틀을 제시하지는 못하고 있다. 오늘날 근대의 기획이 전반적인 난관에 봉착하여, 인류의 미래를 열어 가기 위한 비전을 제시하지 못하고 있는 것과 마찬가지로, 여성학도 더 이상 인간해방의 학(學)이 아니라 여성을 포함한 인간을 새로운 질곡에 빠뜨리는 학문의 소외에 직면하고 있다. 여성과 남성의 적대적 대립 관계를 전제하는 여성 해방에 대한 노력은 여성성에 대한 억압을 가중시킴으로써 문명의 불균형을 심화시키고 있으며, 남녀관계는 긴장과 적대에 가득 찬 것이 되고 말았다. 자유와 평등, 갈등과 투쟁은 더 이상 현실 속의 여성을 포함한 인간을 행복한 삶으로 이끌어 주는 구호가 되지 못하고 있다. 현대 페미니즘이 직면하고 있는 한계를 요약하면 다음과 같다.

첫째, 페미니즘의 적대적 남녀관은 현실 속에서 창조적인 남녀관계의 틀을 제공하지 못하고 있다. 페미니즘은 남성과 여성을 분리된 개체로 인식하고, 남녀의 관계를 적대적인 대립으로 전제하고 있다. 그러므로 양자의 관계는 끊임없는 반목과 갈등을 반복한다. 페미니즘의 관점에서 볼 때, 남녀는 적대적인 대립 관계를 형성하고 있으며, 여성 억압에 대한 이론적 논의가 진행되면서 남성과 여성은 제한된 사회적 기회를 두고 서로 경쟁하는 관계로 인식되었다.

그러나 여성과 분리된 남성의 존재, 남성이 배제된 사회의 여성은 어떤 의미를 가질 수 있겠는가? 여성과 남성의 존재는 각각 상대편의 존재에 바탕하고 있다. 여성과 남성의 결합이 없다면 인류의 재생산은 불가능할 것이라는 점을 통해서도 남녀관계를 적대적으로 보는 관점의 한계를 분명히 지적할 수 있다. 현실의 인간사는 여성과 남성의 상호 보완적인 관계에 의해서 형성되고 있다. 여성과 남성이 분리된 채로 세상을 살아갈 수는 없는 것이다. 그러므로 남성과 여성의 근원적 분리를 전제하고서 남녀관계를 분석하는 현대 페미니즘의 방법은 현실의 남녀관계를 설명하는 이론으로서 설득력을 가지지 못한다.

둘째, 현대 페미니즘이 추구하는 남녀평등의 이념은 새로운 여성 문제를 야기한다. 남녀평등의 추구는 여성들의 정치·경제·사회적인 영역에서의 지위 개선에 상당히 이바지하였다.[56] 그러나 평등의 이념에 치중하는 과정에서 남성과 여성의 고유한 성적 특성을 불가피하게 부정하게 되었고, 외적인 평등은 어느 정도 달성하였지만 이를 통해서 여성의 삶의 만족도가 실제로 높아졌는지는

---

56) 오늘날 여성의 지위가 남성과 동등하다고 평가할 수는 없다. 다만 법률적으로 기회의 평등을 보장받고 있을 뿐이다. 그러나 이러한 변화 또한 과거의 역사를 돌이켜 본다면 엄청난 변화이다.

재고해 볼 여지가 있다.

남녀평등을 추구하는 과정에서 현실적인 목표는 남성들의 영역으로 규정되었던 사회적 영역으로 여성들이 진출하는 것이었다. 양과 질의 측면에서 이러한 노력은 상당한 성과를 거두었다. 그러나 그러한 성과는 예기치 않게도 여성들의 삶을 이중적으로 억압하는 기제로 작용하게 되었다. 경제적 능력을 중심으로 한 인간에 대한 평가는 가사 노동을 전담하는 주부들의 사회적 지위와 인식에 부정적인 영향을 미쳤으며, 재생산 영역에 대한 책임을 가진 직업여성의 경우는 좁은 취업문을 더 치열한 경쟁을 통해서 통과해야 하는 삶으로 몰리게 되었다.

또한 남녀평등을 추구하기 위해서 사회적으로 기득권을 확보하고 있는 남성을 닮아가는 것이 여성의 발전이라는 생각이 확산되었다. 그러한 결과는 사회적으로 강한 여성에 대한 요구로 이어졌고, 결국 여성의 삶은 이중의 짐을 지게 되었다. 이러한 새로운 억압적 성의 구조는 평등을 얻는 대신에 자신의 성적 정체성과 기질을 극복해야 한다는 또 다른 규제로 작용하게 되었다.

셋째, 현대 페미니즘은 인간해방을 위한 실천적 학문으로서의 역할을 수행하지 못하고 있다. 페미니즘의 궁극적 목표는 인간해방이다. 그러나 현실에서 나타나는 페미니즘의 영향은 남녀관계의 대립과 갈등, 경쟁을 고조시키고 남녀를 적대적인 관계로 규정하는 결과를 초래하였다.

여성과 남성을 분리된 개체로 인정하고 여성 집단과 남성 집단을 범주화하는 과정에서, 여성과 남성 내부의 차이점은 간과되는 경향이 나타난다. 이러한 경향은 초기의 페미니즘적 논의에서는 심각한 한계를 보였지만, 이후 사회주의 여성해방이론의 발전과 함께 이것을 고려한 논의가 전개되고 있다. 그러나 그러한 논의는 페미니즘을 다시 모순의 늪으로 밀어 넣고 있다. 즉 여성과 남성 내부의 차이를 무시한 여성 대 남성이라는 대립적 논리를 벗어버리면 페미니즘은 이론적 논의는 전개할 수 있지만, 운동의 장(場)에서는 그 추동력을 상실해 버리고 만다. 성이 불평등을 설명하는 핵심적인 기제이기 때문에 성이라는 변수를 제외하면 페미니즘적인 연대는 불가능하기 때문이다. 그러므로 여성 집단과 남성 집단의 적대적인 대립을 전제로 하는 페미니즘은 여성들의 단결과 계몽을 위한 운동으로서의 역할은 담당할 수 있다고 하더라도, 궁극적인 남녀관계의 문제 해결을 위한 대안을 제시하는 데는 한계를 갖고 있다.

여성학은 학문적 출발기에 여성들을 역사의 질곡으로부터 구출하는 데 많은 기여를 하였지만, 오늘날에 이르러서는 여성들을 과거와는 다른 형태의 억압의 구조 속으로 밀어 넣는 결과를 낳고 말았다. 현대의 여성들은 한편으로는 자신의 여성성을 억압하면서 사회적 지위를 얻으려는 노력을 기울여야 하며, 다른 한편으로는 과도하게 성적 대상으로서의 가치만을 추구하는 상품화된 여성성을 지향하는 억압적 구조에 들어가야만 하는 현실에 노출되어 있다. 그러므로 여성학이 본연의 인간해방의 학으로서 학문의 자기회복을 이루어 내기 위해서는 페미니즘을 얽어매고 있는 낡은 틀을 벗고서, 새로운 세계관의 토대 위에 학문의 새로운 정체성을 확립하여야만 한다.

2. 유교 페미니즘의 관점

1) 음양론의 세계관

   음양론은 형태상으로만 볼 때는 서구적 이원론의 한 가지 유형으로 보인다. 그러나 음양론에 대한 이러한 접근은 표상적인 차원에서의 인식에 불과한 것이다. 김재범(2001)은 음양을 이원적으로 분리된 대상으로서 물상화하여 이해하는 것에 대해서 비판하였다.[57] 음양론을 이원론의 관점에서 설명하려고 하면 음양론 자체가 가지고 있는 특징을 잃어버리게 된다. 음양론은 서구의 이원론과 근본적으로 세계관의 토대가 다르다.

   음양론은 시공을 초월하여 모든 존재들 간의 근원적 통일성을 전제하는 통일체적 세계관을 바탕으로 하고 있다. 그러므로 음과 양은 불이(不二)의 관점에서 바라보아야 한다. 음과 양은 하나이면서 둘이고, 둘이면서 하나인 존재이다. 그런데 표상적 차원에서 음양론을 바라보는 여성학적 관점은 음과 양을 분리하여 따로 대상화하고 물화시키며, 고정된 관념으로 받아들이고 있는 것이다. 그러므로 이들의 관점에서 바라볼 때 음양론의 관점으로 남녀의 문제를 이해하는 것은 음과 양의 차별적인 가치 체계에 남녀를 대입시키는 의미를 가지게 된다.

   여기서 우리는 음양론에 대한 여성학적인 인식의 한계를 발견할

---

57) 김재범은 그의 『주역 사회학』에서 이와 같이 서양의 관점에서 음양론을 인식하는 표상적 차원의 인식을 비판하면서, 이러한 서구적 방식의 음양에 대한 인식은 '음양상(陰陽相)'에 대한 인식일 뿐이라는 것을 지적하고 있다(김재범, 2001), pp.95 – 97.

수 있다. 즉 이러한 표상적 차원에서의 인식을 받아들이면서 동양 사상 속에서 단편적이었던 음과 양에 대한 차별적 가치 평가를 절대화하여 적용하는 것이다. 양을 하늘로, 음을 땅으로 인식하는 개념 규정을 통해서 남성을 하늘로 여성을 땅으로 규정하며, 이것이 바로 남존여비(男尊女卑)의 사고 체계라고 주장한다. 그러나 동양 사상 속에 나타나는 음양론의 발전을 역사적으로 고찰해 보면, 양에 대한 하늘의 가치만을 주장해 온 것은 아니었다는 것을 알 수 있다. 노자(老子)를 중심으로 한 도가 사상에서 양적인 기운의 극성(極盛)은 그 시대의 사회 문제를 야기하는 원인으로 제시되었다. 동양사상에서의 도(道)는 양인가, 음인가의 문제가 아니라 양자(兩者)의 조화였던 것이다.[58]

음양 개념의 형성기였던 고대 사회에서 음양이 가리키는 것은 음지와 양지, 방위, 한난(寒暖) 등 자연 현상이었다. 그 후 음양은 『좌전(左傳)』의 「소공(昭公) 원년(元年)」에서 육기(六氣) 가운데 두 가지 기(氣)로 규정됨으로써 단순한 자연 현상을 의미하는 것에서 확대된 개념으로 사용되기 시작하였다. 『장자(莊子)』에서 만물 구성의 원리로 음양을 제시하면서 음양 개념의 획기적 변화가 일어났다. 이때부터 음양의 개념은 원질(原質) 개념으로 사용되었으며, 실체 개념이라기보다는 관계성을 의미하는 개념으로 사용되기 시작하였다(최영진, 1989).

음양론에서 음과 양의 관계는 다음과 같은 특징을 가지고 있다.

첫째, 음과 양은 분리, 독립된 범주가 아니며, 근원적인 통일성

---

58) 음양론은 음이나 양의 양단(兩端)에 치우치는 것을 경계한다. 음과 양은 대대적인 구조 속에서 중(中)을 취할 때가 가장 이상적인 상태이다.

을 가지고 있다. 음이 있는 곳에는 항상 양이, 양이 있는 곳에는 언제나 음이 따라가게 된다. 음과 양은 태어나는 순간부터 함께할 수밖에 없는 운명을 가지고 있다. 양달과 응달이 나누어짐과 관계없이 음양이 실현되는 장(場)인 언덕은 하나이다. 그 하나가 태극(太極)이며, 음양은 하나 속에 들어 있는 둘이다. 음양론은 이원론이 아니다. 음과 양은 표상적으로는 이분화되어 있지만 둘이 아닌 하나이다. 그러므로 양자의 관계는 적대적일 수 없으며, 상대편의 존재가 자신이 성립되기 위한 전제가 된다. 예를 들어서, 남녀(男女), 천지(天地), 강유(剛柔), 미추(美醜), 선악(善惡) 등은 자신에 반대되는 존재가 없다면 자신의 존재 자체의 근거를 상실해 버리게 되는 것이다. 즉 음양은 상함적(相含的)이다. 그러므로 남성은 여성을 여성은 남성을 자신 안에 품고 있으며, 이것은 천지, 강유, 미추, 선악 등 모든 음양의 대립에 해당된다.

둘째, 음과 양은 역동성을 가지고 있다. 음과 양은 음이 충만하여 극에 달하면 양으로, 양이 충만하여 극에 달하면 음으로 전화한다. 태극도(太極圖)에서 볼 수 있듯이 양이 극에 달하였을 때 음의 기미가 나타나며, 반대로 음이 극에 달하였을 때 양의 기미가 나타난다. 그리고 음과 양의 역동성은 상호 영향을 전제로 하고 있다. 음과 양은 끊임없이 서로의 존재에 영향을 미친다. 음과 양은 그 자체가 불변의 실체가 아니다. 음양은 상황적으로 파악되는 '국면'일 뿐이다. 『주역』 「계사전繫辭傳」에서 "한 번 음 되고 한 번 양 되는 것을 도라 한다(一陰一陽謂之道)."라고 한 것은 바로 이것을 말하는 것이다. 여기에서 주의할 것은 '도(道)' 즉 진리의 본체가 음(陰)이나 양(陽)이 아니라 바로 '일음일양하는 것(一陰一

陽者)'이라는 것이다. 시간의 흐름 속에서 절대적인 음과 절대적인 양은 존재하지 않는다. '이것은 양이고 저것은 음이다'라고 딱 잘라 말할 수는 없다. 음양이란 절대의 세계가 아닌 반드시 마주 보는 대상이 있는 상대적 체계이기 때문이다.

셋째, 음과 양은 상호 보완성을 가진다. 음과 양은 서로 보완적인 관계로 한쪽이 지나치면, 다른 쪽의 도움을 받아 균형을 회복하고 조화를 이룬다. 한의학에서 인체의 상태를 판단할 때도 이러한 관점에 의거한다. 음양의 기운이 조화를 이루고 있으면 인체는 건강한 상태라고 판단하고, 이러한 조화가 깨어지게 되면 건강을 잃은 상태로 판단한다. 그러므로 음양론을 세계관적 토대로 하고 있는 한의학에서 약을 쓴다는 것은 인체의 부족한 기운은 메워 주고, 넘치는 기운은 없애 버리는 것으로 설명할 수 있다. 음은 홀로 성(成)할 수 없고(獨陰不成), 양은 홀로 생(生)할 수 없으며(獨陽不生), 조화(調化)를 이루어야 한다는 것이다. 균형과 조화의 관념은 음과 양이 전체로서 하나라는 인식에서 도출된다. 음과 양이 조화와 균형을 유지할 때, 사회이든 관계이든 어떤 물적 존재이든 간에 건강한 상태를 유지할 수 있다. 천지만물은 음양의 기운이 조화와 균형을 이룰 때가 가장 창조적인 상태이다.

2) 남녀관계에 대한 음양론의 관점

음양론은 대대로서의 남녀관계관을 제시한다. 음양대대(陰陽對待)는 동양사상에서 대립물 간의 관계를 인식하는 대표적인 인식

원리이다. 대대란 '마주 대하며 기다린다'는 의미로 천지 만물에는 반드시 그 대(對)가 있다는 사유 방식이다. 음양대대로서의 남녀관계는 다음과 같은 특징을 갖고 있다.

첫째, 남녀관계는 통일체적인 특징을 가지고 있다. 남성과 여성은 분리·독립된 개체가 아니다. 남성과 여성의 존재는 각각 상대편의 존재를 전제로 해서 자신이 성립되는 통일체적인 관계이다. 남성이 없는 여성의 존재, 여성이 없는 남성의 존재는 있을 수 없으며, 남성과 여성은 서로의 존재를 바탕으로 하여 의미를 가지게 된다.[59] 그러므로 근대 서구의 이원적 세계관에 바탕한 이해관계가 대립하는 남녀관계관으로서는 이러한 근본적인 남녀관계에 전제되어 있는 통일성을 설명할 수 없다.

둘째, 남녀관계는 역동적이다. 음양이 관계적인 의미를 내포하고 있는 것과 마찬가지로 남녀의 관계는 역동적인 특징을 가지고 있다. 음과 양의 기본적인 성격은 분명하지만 관계 속에서 상대편과 끊임없이 상호 영향을 미친다. 예를 들어서, 사랑하는 남녀가 만날 때, 두 사람은 한 사람의 남성과 한 사람의 여성으로 관계를 맺는다. 그러나 그 남성이 아버지와의 관계에서는 생물학적인 성은 모두 남성이지만, 아버지는 양, 아들은 음으로 관계를 형성하게 되는 것이다. 이러한 특징은 관계 속에서 음과 양의 기질이 역동적으로 규정되고 서로의 존재에 끊임없이 영향을 미치는 것을 통해서 잘 드러나고 있다.

셋째, 음양론에서 이상적인 남녀관계는 조화와 균형의 관계이다.

---

59) "만물의 화생은 건곤의 양대 작용이 서로 감응하고 교감하는 데 근거하고 있고, 인류의 번성이라는 것은 남녀 두 성의 감응과 상열(相悅)에 의한 것이다."(高懷民, 1995), p.344.

음양론의 '상반응합(相反應合)'의 논리에는 상이한 두 존재 간의 상호 관계에 의한 조화(調和)의 관념이 내포되어 있다. 최영진(1989)은 근본적인 대립으로 보이는 『주역』의 화택규괘(火澤睽卦)를 통해서 만물의 화합에 대한 인식 구조를 제시하고 있다. 화택규괘를 보면 괘상이 화(火)와 택(澤)으로 서로 상반되지만, 육오(六五)와 구이(九二)가 서로 응하기 때문에 상응 화합하는 상이 된다. "하늘과 땅이 어긋나도 그 일이 같으며, 남자와 여자가 어긋나도 그 뜻이 통하며, 만물이 어긋나도 그 일이 같으니, 규의 때와 쓰임이 크도다!"[60]라고 하는 구절은 남성과 여성이 서로 다르기 때문에 조화를 이룰 수 있음을 보여주고 있다.

『주역』의 각 괘(卦)를 풀이할 때, 효(爻) 사이의 관계를 중심으로 해석하는데, 이때 응효(應爻)가 같은 음이거나 양일 경우는 서로 배척하는 적대적인 대응 관계로 설명되며, 반대되는 효끼리는 정응(正應)의 관계로 해석된다. 서로 반대되는 것끼리의 상반응합(相反應合)의 논리는 남녀관계를 바라보는 오래된 관점이다. 남성과 여성의 근본적인 차이에 대한 인식에 바탕하여, 그 다름에 바탕한 서로 간의 응(應)이 관계의 창조적인 발전을 가능하게 한다는 것이다. 즉 상반되는 성질이 만나야만 서로 감응하여 변화가 진전된다는 원리이다.[61] 이것이 대대성의 원리이다. 서구의 이원적 세계관

---

60) 『周易』, 「睽卦」, "天地睽而其事同也, 男女睽而其志通也, 萬物睽而其事類也, 睽之時用 大矣哉."

61) 장횡거(張橫渠)의 「정몽(正夢)」에서 "모든 현상계는 상호 대대적 관계로서 구성되고 상대적 관계는 상반성을 갖게 되며, 상반성에는 적대심이 내포되어 있으나 그것이 증오와 투쟁으로 극복하는 것이 아니라 조화로서 해소된다."와 "강유(剛柔), 한온(寒溫), 생살(生殺)은 반드시 상반되어 서로 원수가 되는 것이 구극이지만 서로 이루어, 끝까지 서로 적대하는 이치는 없어, 서로 화해하여 태허로 돌아가는 것이다."라는 구절을 통해서 대대적인 관계에서 드러나는 모순성 자체가 화해의 계기가 되는 것을 알 수 있다(최영진, 1989).

에 바탕하여 남녀관계를 규정하는 여성학은 이러한 관점을 가질 수 없기 때문에 다름에 대한 인정은 결국 차별로 귀결되는 논리적 오류에 빠지게 되는 것이다. 다시 말해서 남녀의 다름과 차이를 인정하면 평등에 대한 이상을 추구할 수 없게 되고, 반면에 남녀의 동등성을 추구하게 되면 남성과 여성의 근본적인 차이와 다름을 간과할 수밖에 없는 문제에 직면하게 되는 것이다.

넷째, 음양론은 이상적인 남녀관계에 도달하기 위한 방법으로 교감과 감응을 제시하고 있다. 음양론의 이상적 남녀관계는 남녀가 조화와 균형을 이루고 있는 상태이다. 그렇다면, 조화와 균형에 도달하는 방법은 무엇인가? 대립하는 존재 간의 교감과 감응을 통해서이다. 남성과 여성의 관계는 서로의 부족한 부분을 메워 주며, 서로의 존재에 대한 교감과 감응을 통해서 존재의 통일성을 경험하게 된다.[62] 즉 천지 만물이 자신이 가지고 있는 기운을 세상에 발하여 조화와 균형을 이루는 과정은 존재들 간의 투쟁과 갈등을 통해서 이루어지는 것이 아니라, 서로 간의 교감과 감응을 통해서 가능한 것이다.[63] 남녀관계 또한 똑같은 원리를 가지고 있다.

『주역』의 「계사전」에는 "천지 음양의 두 기가 왕성하게 작용하여 만물이 변화하여 순수하게 되고, 암컷과 수컷이 교합하여 만물이 길러지고 태어난다"[64]는 구절을 통해서 "천지 음양의 두 기가

---

62) 『周易』, 「咸卦」, "天地感而萬物化生."
　　『周易』, 「泰卦」, "天地交而萬物通也."
　　『周易』, 「姤卦」, "天地相遇而品物咸章也."

63) 음양이 교감하여 만물이 화생하는 태괘(泰卦)와 음양이 교감하지 않아 생명이 소멸하는 비괘(否卦)가 음양 교감의 전형적인 사례인데, "태괘는 위에 있는 땅의 기운이 내려오고 아래에 있는 하늘의 기운이 상승하여 서로 교감하므로 길(吉)하고, 천지(天地)의 순서로 된 비괘는 불교(不交)하여 흉(凶)하다."(곽신환, 1990), p.91.

64) 『周易』, 「繫辭傳」, "天地絪縕萬物化醇 男女構精萬物化生."

밀접히 서로 교감하여 하나가 되고 기가 응결되어 만물이 되는 것을 말한다. …… 그리고 음양 정기가 서로 맺어져 변화 생성이 무궁하다. '천지', '남녀', '화순', '화생'은 만물이 하나는 반드시 둘이 되고 둘은 반드시 하나가 되는 이치를 반영한다."(金景芳 외, 1993)

3. 유교 페미니즘의 탈현대 여성학적 비전

현대 여성학자들은 음양론을 남녀 차별을 더욱 고착시키는 하나의 남성 중심의 이데올로기로만 인식하여 왔다. 또한 음양론을 논의하는 것은 과거 전통 사회에 존재했던 남녀 차별적인 상황을 재현하고자 하는 시도로 치부하였다.[65] 음양론이 사상적 토대가 되었던 과거의 역사가 여성 억압적이었기 때문에, 성의 해방을 주장하는 페미니즘은 음양론을 대화가 불가능한 대상으로 인식하고 있다. 그러나 서구 중세의 기독교가 여성에 대해서 억압적이었다고 해서 서구 페미니즘이 기독교를 대화의 대상에서 배제시키지는 않았다. 기독교가 사상적 토대가 되었던 서구 중세사회에서는 여성에 대한 억압적인 구조가 존재하였지만, 그것은 기독교가 역사에 끼친 영향의 일부이고, 기독교 사상 자체는 아니다. 기독교 사상에는 여

---

65) 여기서 분명히 해야 할 부분이 있다. 어떤 사상과 그 사상이 사회 속에서 드러나는 현실은 다른 모습일 수 있다. 특히 그 사상이 정치적 지배 이데올로기로 작용할 때 사상의 특정 측면만이 지나치게 부각되어서 부정적인 담론을 형성하는 예가 적지 않다. 그렇다고 해서 그 사상 자체가 가지고 있는 근본적인 가치를 간과해도 좋은 것일까? '우리는 동양사상의 근간을 이루는 음양론을 이해하는 데 이러한 편견을 가져왔던 것은 아닐까?' 하는 의문을 제기해 본다.

성과 여성성을 존중하는 사상도 내포되어 있다. 그러므로 기독교 사상과 페미니즘의 대화가 가능하였던 것이다. 논리적으로 이와 똑같은 이유로 음양론과 페미니즘의 대화는 가능하다. 다만 대화의 대상이 왜 하필 음양론이어야만 하는가에 대한 의문이 제기될 수 있을 것이다.

음양론에서 서구 페미니즘이 직면하고 있는 한계를 극복하기 위한 대안을 찾고자 하는 것은 다음과 같은 이유에서이다.

첫째, 음양론은 남녀관계를 바라보는 새로운 관점을 제공해 줄 수 있다. 서구 페미니즘의 주장은 자기모순에 빠져 있기 때문에 문제해결을 위한 실마리를 찾을 수가 없다. 서구 페미니즘은 근대 서구의 이원론적 세계관을 토대로 하고 있기 때문에 남성과 여성의 관계 또한 이원론적인 관점으로 인식하고 있다. 이러한 관점을 수용한 페미니즘은 여성학의 목표인 인간해방의 이상에 도달하기보다는 남성과 여성의 관계를 분리, 대립, 갈등, 경쟁, 투쟁의 양상으로 치닫게 하는 결과를 가져왔다.

따라서 서구의 이원론적인 세계관을 고수하면서 남성과 여성의 화해와 조화를 추구하는 것은 현실적으로 불가능해 보인다. 그러므로 남녀관계를 바라보는 이원론적인 관점을 극복할 수 있는 새로운 세계관적 토대를 여성학은 절실히 필요로 하며, 음양론은 통일체적인 관점에서 남녀관계를 인식할 수 있는 새로운 관점을 여성학에 제공할 수 있다.

둘째, 음양론은 현 시대의 요구에 맞는 창조적인 남녀관계의 모델을 제시할 수 있다. 서구 페미니즘에서 주장하는 남녀의 이상적인 관계는 평등한 관계이다. 그리고 평등의 이상을 추구하는 방법은 갈등과 투쟁이다. 그러나 이러한 남녀 간의 평등을 추구하는 과정에서 여성학은 문제의 해결보다는 또 다른 문제를 야기하는 상황에 직면하고 있다. 현대 사회의 여성들은 여성으로서보다는 한 사람의 인간으로서 평가받기를 원한다고 천명한 지 오래되었다. 하지만 이런 입장을 취하면서 여성과 남성의 관계는 치열한 경쟁과 상호 반목의 관계로 치닫고, 여성은 남성들이 확보하고 있던 희소 자원인 사회적 기득권을 쟁취하려는 노력을 기울여 왔다.

이 과정에서 여성은 자신의 여성성을 극복하고 남성보다 더 강해지려고 노력하였다. 다시 말해서 남성 중심의 사회 구조에 잘 적응하고 성공하기 위해서는 남성화되어야만 한다. 또한 남성들은 자신들의 기득권을 위협하는 여성을 경쟁 대상으로 간주하게 되고, 철저하게 자신들의 기득권을 지키기 위해서 갈등의 구조를 취하게 된다. 그리고 이러한 관계 속에 들어가지 못하는 여성들은 경제적인 활동을 하지 못하는 자신을 사회적으로 가치 없는 존재로 평가 절하하거나, 사회로부터 그러한 평가를 받게 된다.

이러한 구조 속에서는 더 이상 인간해방의 이상을 찾아볼 수 없다. 그러므로 이와 같은 현대 여성학의 남녀관계 모델의 한계를 극복하기 위해서는 새로운 남녀관계에 대한 모델이 모색되어야 한다. 우리는 그 답을 음양론에서 찾을 수 있다. 감응과 교감을 통한 조화를 추구하는 음양론의 남녀관계관은 현대 여성학의 한계를 극복할 수 있는 창조적인 남녀관계의 모델을 제시해 줄 수 있다.[66]

---

66) 곽신환(1990: 256 - 257)은 『주역(周易)』의 해괘(解卦)에 대해서 다음과 같은 설명을 하고 있다. "해방은 굳어 있던 것들이 서로 소통하고 교감함으로써 시작된다", "『역』에서 해(解)는 구속의 사슬을 벗겨 준다는 뜻보다는 서로의 기氣를 소통시킴으로써 서로 화창함을 이룬다(풀림)는 뜻임을 유념해야 한다. 결코 갈등 속에 투쟁을 통한 승리라는 뜻의 해방이

셋째, 음양론은 서구 페미니즘의 한계를 극복하고 이론적 대안을 제시해 줄 수 있는 새로운 관점을 제공해 준다. 현대 여성학은 남성과 여성의 관계의 사회적 의미와 중요성을 인식할 수 없는 논리적 한계에 빠져 있다. 이러한 측면은 성의 기질을 인식하는 데 있어서 남성과 여성의 관계에 의해 규정되는 측면은 간과한 채, 절대적인 남성성과 여성성에 대한 전형화된 모형만을 가지고 있기 때문에 나타나는 결과이다.

이런 한계는 서구의 이원론적 세계관의 관점에서 음양적 존재를 규정하고자 할 때 잘 드러난다. 이러한 시도에서는 음양은 독립적인 실체가 아니라 하나의 작용 원리이며 운동의 원리이므로 즉 남성과 여성은 모두가 각각 음양적 존재라고 주장한다. 음양의 조화는 생물학적, 제도적 차원의 결합을 의미하는 것이 아니라 인간 내의 조화를[67] 의미한다는 주장이다(김혜숙, 1999). 그러나 이와 같은 관점은 음과 양이 독자적으로 존재할 수 없는 관계적 개념이라는 사실을 간과하고 있다.

음양론에서 음과 양은 서로 다른 것이며, 이러한 차이가 양자 간의 조화의 전제가 된다. 한 사람이 어떤 상대를 만나느냐에 따라서 음 혹은 양이 될 수 있는 것은 사실이지만, 그러한 음과 양의 성질이 개인 속에서 드러날 수 있는 것은 상대편과의 관계 속에서만

아니다."

67) 이들은 서구의 여성학적 패러다임에 바탕하여 양성성의 개념으로 음양론을 인식한다. 김제란(2000: 113)은 "송대 유가에서 음양 범주는 '태극(太極)'에 편입되고, 모든 만물이 바로 태극을 가지고 생성된다고 여겨졌다. 이렇게 본다면 음양을 한 개체 안에 모두 포함시킬 수 있는 속성으로 생각할 수 있다. 즉 음양이 그대로 여성, 남성을 의미하는 것은 아니며, 인간이면 누구나 다 가지고 있는 여성성과 남성성의 경향으로 해석할 수 있다는 말이다. 그런 면에서 음양의 조화는 바로 자신 속에서의 '남성성과 여성성의 조화'이다"라고 말한다.

가능한 것이다. 이러한 의미에서 음양론은 서구 페미니즘의 남녀관계에 대한 관점이 안고 있는 이론적인 모순을 극복할 수 있는 관계 지향적이고, 실천 가능한 이론적 대안이 될 수 있다.

제5장

장자 평등사상과 남녀관계관

「제물론(齊物論)」에는 일체만물의 절대평등을 주창하는 장자의 사상이 잘 나타나 있다. 장자의 평등사상은 여성학에 새로운 세계관적 기초를 제공해 줌으로써, 근대라는 시대에 구속되어 있는 여성학이 탈현대의 활력에 넘치는 새로운 인간학으로서 발전해 나가는 데 크게 기여할 수 있다. 여성학의 궁극적인 이상은 여성들이 인간답고 행복한 삶을 살아갈 수 있는 사회에 도달하는 것이다. 이러한 궁극적인 이상에 달성하기 위한 구체적인 방안으로 여성학은 남녀평등을 추구해 왔다. 여성학이론에 따라서 구체적인 내용은 달리한다고 하더라도 그들이 추구하는 목표는 남녀의 평등이다.

남성과 여성의 평등에 대한 추구는 어떤 결과를 가져왔을까? 과연 평등사상이 여성학의 중요한 이념으로 제기된 이래 남성과 여성은 인간다운 삶을 경험할 수 있게 되었을까? 남성과 여성의 동일성에 바탕한 평등의 추구는 여성의 남성화를 초래하였다. 그 결과 여성들은 남성들과 맞서서 경쟁하고 갈등해야 하는 상황에 직면하게 되었다. 또한 남성과 여성의 차이에 바탕한 여성학의 평등사상은 남성과 여성은 다른 존재로서 이분법적으로 분리되어 있으며, 독립된 체계 속에서 평등을 인정해 주어야 한다고 주장한다. 그러므로 이러한 관점을 취하게 되면, 남성과 여성은 분리・독립된 존재로 인식한다. 이러한 여성학의 평등추구는 많은 성취를 이루었지만 한편으로는 기형적인 남녀관계를 낳게 되었다.

1. 현대 여성학의 평등사상

1) 현대 여성학의 평등사상의 토대

여성학은 계몽사상과 진화론의 영향을 받으면서 형성・발전하였다. 그러므로 계몽사상과 진화론에 대한 이해가 여성학의 세계관적 기초를 밝히는 데 도움이 될 것이다. 계몽사상과 진화론은 인간을 분리・독립된 개체로 인식한다. 계몽 사상가들이 주창한 개인주의와 자유주의 사상은 인간을 분리・독립된 개체로 인식하는 전제 위에서 발전하였다. 이에 따라서, 그들은 인간의 개성, 자유, 평등을 최대의 가치로 간주하였다. 그러므로 이들은 인간의 개성, 자유, 평등을 억압하는 사회 제도에 대하여 철저히 비판하였다. 근대 여성학은 이러한 계몽사상으로부터 자유와 평등의 이상을 계승하였다. 여성학은 여성을 구속하고 억압하는 사회제도인 가족, 교육, 법률, 종교, 정치 등을 개선하고자 노력하였다. 이와 같이 계몽사상은 여성학에게 이상적인 가치와 문제인식의 틀을 제공해 주었다.

그런가 하면 진화론은 계몽주의적 이상을 실현하는 방법을 여성학에 제공해 주었다. 진화론에서는 이 세상의 모든 존재가 분리·독립된 개체라고 전제한다. 각각의 개체는 생명의 존속과 종족의 번성을 추구한다고 규정한다. 그러나 모든 생명체들이 필요로 하는 먹이와 환경이 제공할 수 있는 자원 간에는 언제나 구조적 불균형이 존재하기 때문에, 필연적으로 생존을 위한 투쟁이 벌어지게 된다. 그러므로 자연 도태와 적자생존의 과정을 통한 진화가 이루어진다고 주장한다.

진화론에서는 대립물 간의 관계를 분리된 개체들 간의 적대적 대립으로 인식하고 있다. 그러므로 진화론의 관점에 의하면, 대립물 간의 정상적 관계는 생존을 위한 경쟁, 투쟁, 상호 반목의 관계이다. 그리고 이를 통해서 진화가 이루어지게 된다. 오늘날 이러한 진화론적 세계관은 급속히 확산되어 인간과 인간, 인간과 사회, 인간과 자연을 포함한 모든 대립물을 인식하는 기본 틀로 자리 잡게 되었다.[68]

이상의 진화론의 대립물 간의 인식 틀이 여성학에 유입되어 '남

---

68) 홍승표, 「동양사상과 사회과학의 새로운 정체성 모색」, 『사회과학논총』 제18권 2호, 1999, pp.237 - 238.

녀의 적대적 대립관'과 '투쟁을 통한 기회의 쟁취와 발전'이라는 개념이 성립되었으며, 여성 문제를 인식하고 해결하는 방법으로 도입되었다.

그러므로 계몽사상과 진화론의 영향을 받은 여성학은 남성과 여성을 분리·독립된 존재로 인식하며, 남녀 각각이 상대편을 제치고 더 많은 희소 자원을 차지하기 위해서 경쟁·갈등하는 관계로 바라본다.

분리·독립된 존재로서의 인간과 궁극적 가치로서의 자유와 평등, 갈등과 투쟁을 통한 여성의 해방이라는 여성학의 기본 틀은 바로 상기한 서구 근대적 세계관에 바탕을 두고 있다. 여성학은 이러한 신조를 바탕으로 하여, 전근대적인 남성의 여성에 대한 억압과 폭력, 차별과 불평등의 문제를 해결해 나가기 위해서 노력하였고, 여성의 사회적 지위를 혁명적으로 개선시키는 데 기여하였다. 그러나 이와 같은 남녀관계관은 여성학의 성립 초기에 역사 속에서 신음하던 여성의 해방에 기여하는 실천적 의미가 있었지만, 오늘날의 남성과 여성의 관계를 설명하고 발전시켜 나가기 위한 관점으로서는 한계를 가지고 있다.

여성학은 남성과 여성을 분리·독립된 존재로 인식하고 있다. 이러한 관점에서 이상적인 남녀의 관계는 어떤 것일까? 현대 여성학의 이상적인 남녀관계관을 이해하기 위해서 그들의 남녀관계에 대한 관점을 정리해 보자.

첫째, 남성과 여성은 근본적으로 분리·독립된 범주이다. 남성과 여성은 각자 자신의 개성과 자율성을 갖고 있는 분리·독립적인 개체이다. 여성학의 관점에서 인식하는 '남성과 여성의 근원적 분리'라는 생각은 근대 서구적 세계관에 근거하고 있다. 그러므로 그들이 말하는 분리는 본질적, 본성적, 원초적 분리이다. 따라서 여성학의 관심은 개별자로서의 여성의 자유, 독립, 평등 등을 추구하는 것이다.

둘째, 남성과 여성은 평등한 존재이다. 계몽사상을 토대로 하고 있는 현대 여성학에서 인간은 이성과 합리성을 갖고 있는 자유롭고 평등한 존재이다. 그러므로 여성학의 관심은 현실 속에서 나타나는 성불평등을 여성의 비인간화의 핵심적 양상으로 인식하고, 남성과 여성의 평등을 추구한다. 여성학의 관점은 다양하지만, 모든 여성학 이론들은 공통적으로 남녀평등을 목표로 하고 있다.

셋째, 남성과 여성은 이해관계가 상반되는 적대적 대립 관계이다. 여성학은 전근대 사회의 남성 중심성을 비판하였다. 그들은 남성 중심의 사회에 대한 비판을 통해서 인간해방을 추구하고자 한다. 그러므로 그들의 관점에서 남성은 성불평등의 제공자이며, 남성과 여성의 관계는 적대적인 대립 관계이다.

넷째, 남녀관계에서 나타나는 문제의 해결을 위해서 갈등과 투쟁의 방법을 제시한다. 여성학의 관점에서 인류의 역사는 남성에 의한 여성에 대한 착취의 역사로 인식하고 있다. 이러한 남성과 여성의 갈등적인 관계에 초점을 맞추기 때문에 남성과 여성의 평등을 추구하기 위해서 경쟁과 투쟁의 방법을 이용한다.[69]

---

69) 여성학의 남녀관계에 대한 관점은 졸고, 「음양론의 여성학적 함의」, 『동양사회사상』, 2001을 참고하기 바란다.

2) 현대 여성학의 평등사상의 한계

현대 여성학의 평등사상은 이상과 같이 분리·독립된 존재로서의 남녀관계를 전제로 하고 있다. 이렇듯 근대 서구적 세계관에 기초하고 있는 여성학의 평등사상의 한계를 서술하면 다음과 같다.

첫째, 여성학은 남성과 여성의 관계를 갈등과 경쟁의 관계로 인식한다. 남성과 여성은 현실 속에서 더 많은 자원을 차지하기 위해서 끊임없이 갈등·경쟁한다는 것이다. 그러나 경쟁과 갈등만으로 현실의 남녀관계를 모두 설명할 수는 없다. 현실 속의 남성과 여성은 분리·독립되어 있는 존재라기보다는 통일체적인 존재로서의 특성을 많이 가지고 있으며, 남녀관계는 경쟁·갈등의 관계보다는 상호 협력과 보완의 관계의 측면이 더 많다.

그러나 여성학은 남성과 여성의 관계를 분리·독립된 관계로 인식하는 과정에서 전체 남성과 전체 여성을 하나의 범주로 규정한다. 이러한 과정에서 남성과 여성의 대립적인 관계는 강조되는 반면에 남성과 여성 내부의 차이점에 대해서는 간과하는 이론적인 문제가 생겨나게 되었다. 물론 후기 여성학에서는 이러한 한계를 극복할 수 있는 논의가 전개되기는 했지만, 여성학의 이론적인 바탕이 남성과 대립적인 구도에 놓여 있는 여성을 전제로 하기 때문에 논리적인 모순에 빠지게 된다.

둘째, 여성학은 남녀평등의 이념을 추구하는 과정에서 새로운 여성 문제에 직면하게 되었다. 근대사회 이후에 남녀평등을 추구하면서 여성들은 정치·경제·사회적인 영역에서 더 많은 기회를 갖게 되었다. 그러나 평등의 이념을 추구하는 과정에서 새로운 성문제에 부딪치게 되는 결과를 낳았다. 남녀평등을 추구하면서 남성과 여성의 고유한 성적 특성을 부정하게 되어 버린 것이다. 평등을 추구한 결과, 외적인 평등은 어느 정도 달성하였지만 여성이 진정으로 성의 해방을 경험하게 되었는가에 대해서는 의문점이 많다.

남성과 여성의 평등을 추구하는 과정에서 여성은 남성들과 경쟁·갈등하는 관계에 놓이게 되기 때문에 사회에서 기회를 획득하기 위해서는 여성성을 포기하고 남성들과 경쟁할 수 있는 능력을 갖추기 위해서 노력해야 했다. 결국 여성들의 남성화라는 현상이 나타났고, 자신의 여성성을 억누르고 강해져야 하는 여성들은 새로운 성의 문제에 부딪치는 결과를 가져왔다.

셋째, 미래의 이상적인 남녀관계관을 제시하지 못하고 있다. 여성학의 궁극적 목표는 인간해방이다. 그러나 현실에서 나타나는 여성학의 영향은 남녀관계의 대립과 갈등, 경쟁을 고조시키고 남녀를 적대적인 관계로 규정하는 결과를 초래하였다.

현대의 여성학은 남녀관계의 경쟁·갈등의 관계라는 한 측면만을 바라보고 있다. 그러나 현실의 남성과 여성의 관계는 그러한 개념으로 설명할 수 없는 부분이 있다. 특히 일상생활 속에서 만나는 남성과 여성은 상호 의존적이며, 상호 협력적인 관계이다. 이러한 남녀관계에 대한 설명력을 현대 여성학은 가지고 있지 못하다.

여성학의 궁극적인 목적은 여성의 인간화와 창조적인 남녀관계를 추구하는 것이다. 현대 여성학이 추구하는 남녀평등은 전근대적 사회에 존재하던 남녀 간의 불평등의 문제를 해결하고 여성의 인간화를 달성하는 데 커다란 기여를 하였다. 그러나 오늘날 성불평등에 문제제기와 해결을 위한 대안을 제시하는 데 현대의 여성학은 한계에 직면해 있다. 우리들은 남녀평등의 성취라는 근대적인 세계관을 바탕으로 하고 있는 여성학에서 진정한 여성의 인간화와 창조적인 남녀관계의 구축을 위한 여성학으로 여성학의 패러다임을 바꾸어야 한다.

이러한 여성학의 새로 나기 작업에 대안을 제시해 줄 수 있는 것이 장자의 평등사상이다. 장자의 평등사상은 바로 이러한 여성학의 시대적 요구에 창조적으로 대응할 수 있는 새로운 관점을 제공해 준다.

2. 장자의 평등사상

장자의 평등사상은 여성학의 평등사상과는 다른 세계관에 바탕하고 있다. 여성학은 근대 서구적 세계관에 기초하고 있다. 근대 서구적 세계관의 관점에서 볼 때, 인간이란 자신을 둘러싸고 있는 세계와는 근원적으로 분리된 개체이며, 이성의 힘에 바탕하여 자신의 욕망을 추구하는 존재이다. 여기에서 평등이란 욕망의 대상물인 돈이나 직업, 지위나 명예 등과 같은 희소자원을 균등하게 배분하는 것을 의미한다. 여성학은 이러한 의미에서 성 간의 불평등의 문제를 제기하고 평등을 추구하여 왔다.

이에 반해서 장자의 평등사상은 통일체적인 세계관[70]을 바탕으

---

70) 통일체적 세계관에 대한 설명은 홍승표의 『깨달음의 사회학』(예문서원, 2002)을 참조하기 바란다.

로 하고 있다. 통일체적 세계관의 관점에서 볼 때, 인간이란 자신을 둘러싸고 있는 세계와 근원적으로 하나이다. 장자의 "천지는 나와 함께 태어났으며, 만물은 나와 하나가 된다."[71]는 말은 바로 통일체적 세계에서 나와 세계의 관계를 극명하게 보여주는 말이다. 통일체적 세계관의 관점에서 보면, 나는 천지를 내 안에 품고 있는 우주적인 존재이다. 나뿐만 아니라 모든 사람들 각자는 천지를 자신 안에 품고 있다. 사람들뿐만 아니라 동물이나 미생물 하물며 무생물에 이르기까지 각각의 존재는 자신 안에 우주를 담고 있다. 이것이 바로 장자가 말하는 제물(齊物)의 세계, 절대 평등의 세계이다.[72]

이와 같이, 세계관에 따라서 평등사상은 크게 달라진다. 여성학의 관심은 희소자원의 배분의 원칙에 있어서 존재하는 남녀 간의 불평등에 대한 것이다. 반면에, 장자가 말하는 것은 모든 존재들이 자신 안에 도(道)를 품고 있다는 의미에서의 모든 존재들 간의 절대 평등이다. 그러므로 관점에 따라서 인간화의 의미도 달라진다. 여성학의 관점에서는 남녀 간의 불평등을 해소하는 것이 바로 인간화의 의미가 되는 반면에, 장자의 관점에서는 이러한 절대 평등의 세계를 깨닫는 것이 인간화의 의미가 된다. 이 장에서는 통일체적 세계관에 기초하고 있는 장자의 평등사상을 살펴보도록 하겠다.

시간과 공간을 초월해서 모든 존재들 간의 절대 평등사상은 도의 편재성에 대한 장자의 주장에 근거하고 있다. 그는 아무리 미

---

71) 『莊子』, 「齊物論」, "天地與我竝生, 萬物與我爲一."
72) 孟濟永, 「略論莊子〈齊物論〉的"以明"與"兩行"思想」, 『中華文化論壇』 7(2002), p.115. 陳少明, 「"齊物"三意－〈莊子・齊物論〉主題分析」, 『中國哲學史』 4(2001), pp.41－42.

물이더라도 각각의 존재에는 대우주의 도가 내재하여 있다고 본다.73) 「지북유(知北遊)」에서 동곽자(東郭子)와의 문답은 도의 편재성에 대한 장자의 입장을 잘 드러낸다.

> 동곽자: 소위 도란 어디에 있습니까?
> 장자: 없는 곳이 없소.
> 동곽자: 분명히 가르쳐 주십시오.
> 장자: 땅강아지나 개미에게 있소.
> 동곽자: 어째서 그렇게 낮은 곳에 있습니까?
> 장자: 강아지풀이나 피에 있소.
> 동곽자: 어째서 그렇게 점점 더 낮아집니까?
> 장자: 기와나 벽돌에도 있소.
> 동곽자: 어째서 그렇게 차츰 더 심하게 내려갑니까?
> 장자: 똥이나 오줌에도 있소.74)

도는 땅강아지나 개미, 강아지풀이나 피, 기와나 벽돌, 심지어는 똥이나 오줌에도 내재하여 있는 것이다. 그러므로 우주만물은 절대적으로 평등하며, 모두 존귀한 것이다.

바로 이와 같이 '도는 어디에나 없는 곳이 없는'75) 것이기 때문에, 모든 존재는 도의 관점에서 보면 하나인 것이다.76) 인간과 인간, 인간과 자연은 하나의 통일체로 교감을 나눌 수 있으며, 통일체가 될 수 있는 것이다.77) 아래의 인용구들은 우주만물 간의 절

---

73) 『莊子』, 「齊物論」, "道惡乎往而不存."
74) 『莊子』, 「知北遊」, "東郭子問於莊子曰. 所謂道惡乎在. 莊子曰. 無所不在. 東郭子曰. 期而後可. 莊子曰. 在螻蟻. 曰. 何其下邪. 曰. 在稊稗. 曰. 何其愈下邪. 曰. 在瓦甓. 曰. 何其愈甚邪. 曰. 在屎溺."
75) 『莊子』, 「齊物論」 "道惡乎往而不存."
76) 梁徐寧, 「莊子的 "物化" 槪念解析」, 『中國哲學史』 4(2001), p.47.
77) 于雪棠 , 「〈莊子〉內篇與〈周易〉」, 『北方論叢』 4(1999), pp.67－68.

대적 평등에 대한 장자의 사상이 잘 나타나고 있다.

> "도로써 다 같이 하나가 된다."78)
>
> "천지도 하나의 손가락이고 만물도 한 마리의 말이다."79)
>
> "도에 도달한 자만이 다 같이 하나임을 깨닫는다."80)
>
> "고요한 하늘과 하나가 되는 경지에 든다."81)

그러므로 도의 관점에서 보았을 때, 사물에는 귀천이 없으며 모두 평등하다. 장자의 도는 생물·무생물을 망라해서 어느 곳에나 존재한다.82) 이러한 장자의 사상은 사물에는 귀천(貴賤), 대소(大小), 미추(美醜), 시비(是非)가 없다는 그의 논의에서 잘 드러난다. 모든 상대적인 차별의 세계는 사라지게 되는 것이다.83)

> "이 세상에 가을 짐승의 털끝보다 큰 것은 없고, 태산은 작다고 할 수 있다. 어려서 죽은 아이보다 장수한 자는 없고, 팽조(彭祖)는 일찍 죽은 자가 된다."84)

이상의 장자의 평등사상은 오늘날 여성학이 추구하는 경제적·정치적·사회적 관계 속에서 기회의 평등, 혹은 희소 자원의 분배

---

78) 『莊子』「齊物論」 "道通爲一."
79) 『莊子』「齊物論」 "天地一指也 萬物一馬也."
80) 『莊子』「齊物論」 "唯達者知通爲一."
81) 『莊子』「大宗師」 "乃入於寥天一."
82) 唐邵廉·呂銀深, 「老庄之"道"－對人類生存的形上沈思」, 『中南工業大學學報: 社科版』3(2000), p.224.
83) 이현구, 「莊子의 哲學思想에 關한 硏究」(성균관대학교 석사학위논문, 1982), pp.33－35.
84) 『莊子』, 「齊物論」, "天下莫大於秋毫之末, 而大山爲小. 莫壽乎殤子, 而彭祖爲夭."

과정에서의 평등과는 근본적으로 다른 것이다. 다시 말해서 장자의 평등사상은 모든 인간과 사물에 모두 도가 내재해 있기 때문에 모든 존재는 근원적으로 평등하다는 것이다. 그러므로 장자 사상에는 자신에게 내재해 있는 도, 즉 본성을 어느 정도 깨달았는가[85])에 따라서 평등과 불평등이 존재할 뿐이다. 이러한 관점에 의하면 남녀는 절대적으로 평등한 존재이며, 근원적인 통일체이다. 그러므로 양자 간의 교감과 조화를 통해서 이상적인 남녀관계가 형성될 수 있다고 본다.

이러한 장자의 관점을 받아들이면, 갈등이나 투쟁은 결코 바람직한 세상을 건설하는 방법이 되지 못한다. 그것은 통일체로서의 세계를 깨닫지 못하고 분리된 자아의식에 갇혀 있는 어리석은 사람들이 자신의 욕망과 이익을 추구하는 결과로 빚어지는 불행한 현실일 따름이다. 그래서 장자는 다음과 같이 말했다.

> "잠들면 꿈을 꾸어 마음이 쉴 새가 없고, 깨어나면 또 육체가 활동을 시작하여 쉴 새가 없다. 교제에서 분쟁을 일으키고 날마다 다툼질로 속을 썩인다."[86]

통일체적인 세계관의 관점에서 볼 때, 시간과 공간을 넘어서 우주만물과 인간은 모두 하나이다. 통일체적 세계관에서는 모든 대립물을, 마주하고 있는 상대의 존재를 전제로 하여 나의 존재가 성립하는 대대(對待)로 인식한다. 그러므로 남녀의 대립을 바라볼 때도 남성의 존재가 여성의 존재를 가능하게 하는 전제이며, 여성의

---

85) 장자는 「大宗師」에서 완전한 깨달음에 이른 최상승인을 지인(至人), 신인(神人), 성인(聖人), 진인(眞人) 등으로 호칭한다.
86) 『莊子』「齊物論」"其寐也魂交 其覺也形開 與接爲搆 日以心鬪."

존재가 남성의 존재를 가능하게 하는 근거가 되는 것이다. "만물의 화생은 건곤의 양대 작용이 서로 감응하고 교감하는 데 근거하고 있고, 인류의 번성이라는 것은 남녀 두 성의 감응과 상열(相悅)에 의한 것이다."[87]

장자의 절대 평등사상을 살펴볼 수 있는 또 하나의 철학적인 관점은 만물이 운동 변화한다고 인식하는 관점이다. 이러한 장자의 사상은 평등사상에 직접적인 영향을 미친다. 우주만물을 인식할 때 고정불변의 자연관과 인간관은 불변하는 사회질서를 도출하게 한다. 그러나 장자는 만물은 변동하지 않는 것이 없으며, 유가(儒家)가 중시하던 예(禮)나 상하의 귀천 개념 또한 시대와 사회적인 상황에 따라서 변화한다고 본다.[88] 장자는 모든 것이 운동 변화한다는 관점에서 도덕이나 예에 대한 관점도 형성하고 있다.

"만물은 한결같이 평등하니 어느 것이 짧고 어느 것이 길다고 하겠소! 도에는 끝도 시작도 없으나 사물에는 죽음과 삶이 있소. 그러니 그 개개의 사물의 완성에 의지할 수는 없소. 때로는 텅 비고 때로는 가득 차서 그 모습이 일정한 위치에 있지 못하오. 세월의 흐름은 막을 수 없고 시간도 멈출 수가 없소. 스러졌다가 성하고 가득 찼다가 텅 비곤 하여 끝났다고 하면 다시 시작되오. 이것이야말로 위대한 도의 참뜻을 말하고 만물의 이치를 논하는 까닭이오. 사물이 생겨난 변화하는 것이 마치 말이 달리듯 재빠르오. 움직여서 변화하지 않는 것이 없고 시간에 따라 변동되지 않는 것이 없소. '무엇을 할까요, 무엇을 하지 않아야 될까요?'라고 하는데 대저 모든 것은 본래 스스로 변화하게 마련이오."[89]

---

87) 高懷民, 『주역철학의 이해』, 정병석 역(문예출판사, 1995), p.344.
88) 조민환, 「장자의 평등사상」, 『도교학연구』(1994), p.183.
89) 『莊子』, 「秋水」, "萬物一齊. 孰短孰長. 道无終始. 物有死生. 不恃其成. 一虛一滿. 不位乎其形. 年不可擧. 時不可止. 消息盈虛. 終則有始. 是所以語大義之方. 論萬物之理也. 物之生也. 若驟若馳. 无動而不變. 无時而不移. 何爲乎. 何不爲乎. 夫固將自化."

장자는 만물은 모두 변화하기 때문에 고정된 가치를 가지지 않는다고 본다. 이러한 사상은 장자가 인식하는 도의 운동성을 통해서 알 수 있다.[90] 그러므로 만물의 변화에 대해서 어떠한 관점을 가지느냐에 따라서 평등사상이 다르게 규정된다. 이러한 관점은 장자의 「추수(秋水)」에 나오는 위의 구절을 통해서 살펴볼 수 있다.

장자의 이러한 평등사상은 절대적인 평등사상으로 집약된다. 즉 장자는 존재 자체가 도(道) 앞에서 평등하다는 것을 주장하므로,[91] 천지의 만물 양육이 지위의 높고 낮음에 따라 다르지 않다는 절대적인 평등사상을 주장한다.

3. 장자 평등사상의 탈현대적 함의

장자의 평등사상이 위기에 직면하여 있는 여성학의 새로운 발전을 위해서 어떻게 기여할 수 있을까? 현대 여성학이 추구해 온 목표는 경제적 · 정치적 · 사회적 차원에서의 희소자원의 배분에서 남성과 여성이 평등해지는 것이었다. 여성학은 남성과 여성의 관계를 갈등과 경쟁의 관계로 인식하고, 남성과의 집단 갈등을 통해서 평등의 이념을 달성하고자 하였다. 그 결과로 여성의 사회적 지위와 인권이 크게 신장하는 등 괄목할 만한 성과를 올렸지만 그 과정에서 새로운 여성 문제에 직면하게 되었다. 오늘날 여성학이 안고

---

90) 조민환. 「노 · 장의 평등사상 – 도론(道論)을 중심으로」, 『철학』(1993), p.396.
91) 『莊子』, 「徐無鬼」, "大地之養也一, 登高不可以爲辰, 居下不可以爲短."

있는 가장 커다란 문제는 미래의 남녀관계에 대한 대안을 제시하지 못하고 있다는 점이다.

현대 여성학이 직면하고 있는 이러한 문제들은 사실은 현대 학문 일반이 직면하고 있는 문제이기도 하다. 여성학은 다른 현대 학문들과 마찬가지로 근대 서구적 세계관의 바탕 위에서 형성되었다. 그런데 바로 여성학의 토대가 되어 왔던 근대 서구적 세계관이 오늘날 여성학이 직면하고 있는 위기의 근원이 되고 있는 것이다.

근대 서구적 세계관에서는 모든 존재를 근원적으로 분리·독립된 것으로 전제한다. 개개의 인간 역시 분리·독립된 존재이다. 그러므로 나의 실체는 나의 욕망이며, 나는 이성의 힘을 이용해서 합리적으로 나의 욕망을 추구하고자 한다. 나를 둘러싸고 있는 세계는 나와는 아무런 관련이 없다. 세계는 오직 나의 욕망을 충족시키기 위한 대상으로서의 도구적인 의미만을 갖고 있을 뿐이다. 이렇게 해서, 사람들이 총량이 한정되어 있는 희소자원을 추구할 때, 사람들 간에는 필연적으로 경쟁과 갈등의 관계가 형성되게 된다. 이것이 모든 대립물을 바라보는 근대 서구적 세계관의 관점이다.

여성학은 근대 서구적 세계관의 바탕 위에 발전하여 왔다. 다만 일반적인 인간의 자리에 여성을 대입하였을 뿐이다. 여성과 남성은 분리·독립된 존재로서 서로 아무런 관련이 없다. 다만 욕망 충족을 위한 대상을 차지하기 위해서 서로 경쟁하는 관계이다. 그러므로 여성의 관점에서 보았을 때, 남성이란 자신의 경쟁자일 따름이다. 더군다나 남성들이 경제적·정치적·사회적 희소자원을 독차지하고 있다는 점에서, 남성들은 여성들에 대한 지배자요, 적이다. 그러므로 여성들은 남성들과 투쟁하여 자신의 몫을 되찾아야만 한다. 이것이 근대 서구적 세계관에 바탕하고 있는 여성학의 기본 프로그램인 것이다.

이러한 프로그램에 따라서 이루어 낸 근대적 성취를 우리는 결코 과소평가하거나 포기할 수는 없지만, 이러한 프로그램이 갖고 있는 역사적인 한정성을 분명히 인식해야 한다. 이러한 프로그램은 오직 전근대 사회와 같이 남성과 여성 간의 불평등이 심각한, 그리하여 그것이 남성과 여성 모두의 비인간화를 초래하는 상황에서는 시의적절한 것이지만 남녀 간의 평등이 상당한 정도로 달성된 현재의 사회에서는 여성학적 의미에서의 평등은 운동의 궁극적 목표로서의 의미를 상실하게 된다. 더구나 근대 서구적 세계관에 바탕한 남녀관계에 대한 인식 틀은 현실에 대한 심한 왜곡, 달리 말하면 남녀관계의 갈등 부분은 확대 해석하는가 하면, 남녀관계의 조화와 감응의 부분에 대해서는 간과해 버리는 한계를 안고 있다. 그러므로 우리들의 시대에 여성학이 시대를 이끌어 가는 활기찬 학문이 되기 위해서는 여성학의 세계관적 토대에 대한 근원적 반성이 필요하며, 새로운 세계관적 토대에 대한 모색이 절실히 필요하다. 장자의 사상은 바로 이러한 점에서, 여성학의 진정한 발전을 위한 중요한 기초를 제공할 수 있다고 본다.

장자의 평등사상은 다음과 같은 여성학적인 함의를 가지고 있다.

첫째, 장자의 평등사상은 새로운 평등사상의 지평을 열어 준다. 장자의 평등사상은 통일체적인 세계관을 토대로 하여 절대적 평등사상을 주장하고 있다. 그러므로 여성학이 주장하는 평등사상의 이론적인 한계를 극복할 수 있는 대안으로서 역할을 할 수 있다. 여성학의 평등사상이 제한된 기회와 희소 자원에 대한 분배에 관심을 두었다면, 장자의 평등사상은 우주만물을 관통하는 통일체적인 세계관에 바탕하여 자신에 내재하여 있는 도를 인식하느냐, 하지 않느냐에 관심을 기울이고 있다.

둘째, 장자의 평등사상은 여성의 인간화에 대한 새로운 관점을 제시할 수 있다. 여성학의 평등사상에 입각하여 보았을 때, 여성의 인간화란 경제적·정치적·사회적 지위에 대한 평등한 기회를 획득하는 것이다. 즉 경제적·정치적·사회적 지위를 획득하게 되면 여성학의 목적인 인간화가 달성된다고 보고 있다. 현실 속에서 여성들은 근대 이전의 사회보다 경제적·정치적·사회적인 측면에서 평등을 획득하였지만, 여성들이 인간화되었는가에 대해서는 회의적인 평가를 할 수밖에 없다. 우리는 오늘날 여성의 인간화라는 궁극적인 목표가 제한된 자원에 대한 분배를 통해서 혹은 남성과 같은 지위를 달성하는 것을 통해서 얻어질 수 없다는 것을 알 수 있다.

장자의 평등사상은 이러한 현대 여성학이 가지고 있는 인간화에 대한 새로운 대안을 제시하고 있다. 장자의 관점에서 보면, 우리들 모두는 자신 안에 도를 내재하고 있다는 점에서 위대한 존재이며 절대적으로 평등하다. 그러므로 인간화라는 것은 이러한 자신의 위대성을 자각하는 것 그것은 동시에 자연과의 합일을 통해서 자신과 세계의 통일성에 대한 깨달음에 도달하는 과정에서 달성된다. 그러므로 이러한 인간화를 달성하기 위해서는 여성과 남성이 갈등하거나 경쟁하는 것이 아니라, 본성을 깨닫는 데 증진해야 하는 것이다. 즉 장자 사상의 관점에서 보면, 여성의 인간화는 자신 안에 내재해 있는 참된 자기에 대한 발견을 통해서 실현될 수 있으며, 그러한 자기실현을 위한 노력을 통해서 인간화될 수 있는 것이다.

셋째, 장자의 평등사상은 이상적인 남녀관계에 대한 새로운 모델을 제시해 준다. 장자의 평등사상이 음양의 조화에 대한 이론적인 틀을 바탕으로 하고 있기 때문에 이상적인 남녀관계는 조화를 추구한다. 그러므로 투쟁을 통해서 빼앗긴 기득권을 회복하는 여성학의 남녀관계로서는 설명할 수 없는 현실 속의 남녀관계에 대한 새로운 모델을 제시해 줄 수 있다.

현대 여성학은 남성과 여성의 관계를 근본적으로 분리·독립된 존재로 인식하기 때문에 그들이 추구하는 남녀의 관계는 평등한 관계이고, 평등한 관계에 도달하기 위한 방법은 경쟁과 갈등의 방법이다. 그러나 현실의 남성과 여성의 존재는 통일체적 존재이며, 남녀의 존재는 서로의 존재를 바탕으로 상호 의존적이며, 협력적인 관계를 유지하고 있다. 이러한 현실의 남녀관계를 설명하는 데 여성학은 한계를 가지고 있다. 그것은 여성학이 남녀관계를 경쟁과 갈등의 부분에만 초점을 맞추어서 인식하고 있기 때문이다. 이러한 한계를 극복할 수 있는 대안이 바로 장자의 사상이다. 장자의 관점에서 볼 때, 이상적인 남녀관계란 자신과 상대편의 참된 자기에 대한 진정한 존중을 바탕으로 하여 서로를 발전시키는 사랑의 관계를 건설하는 것이다.

제3부

동양사상과 탈현대의 가족

제1장

유교와 탈현대적 가족관계관

우리에게 가족은 무엇일까? 가족은 사회를 재생산하는 기본적인 단위이다. 대다수의 개인들은 가족을 통해서 삶의 위안을 얻고, 행복한 가족을 꾸리는 것을 인생의 목표로 삼고 있다. 물론 최근 들어서, 가족을 형성하는 데 부정적인 시각을 가지고 있는 사람들이 늘어나고 있다. 그들은 가족이 개인의 삶을 구속하는 사슬로 생각하고 가족으로부터 벗어나서 개인적인 삶의 자유를 추구하고자 한다. 가족이 처해 있는 작금의 이러한 상황에 대해서 연구자들은 가족의 위기, 가족 해체, 가족 붕괴 등으로 규정하고 있다.

오늘날 가족은 왜 위기에 직면해 있고, 가족 구성원들은 왜 가족을 통해서 행복을 느끼지 못하는 것일까? 현대사회를 지배하는 가족관계관은 이원론적 세계관에 기초하고 있다. 그러므로 개인과 집단을 이해관계가 대립되는 관계로 인식한다. 결국 가족을 위해서 개인이 희생할 것인지, 개인의 욕구 충족을 위해서 가족을 포기할 것인지를 고민하게 된다. 따라서 현재의 가족관계관은 현대사회에서 발생하는 다양한 가족의 문제를 해결하기 위한 대안을 제시할 수가 없다. 개인이냐 가족이냐의 줄다리기 속에서 개인은 행복을 경험할 수가 없는 것이다.

1. 현대 가족관계관

1) 현대 가족관계관의 세계관

현대 한국사회에서 가족관계를 바라보는 관점은 이원적 세계관에 바탕하고 있다. 이원적 세계관은 개인 중심적 관점과 집단 중심적 관점으로 나눌 수 있다. 개인 중심적 관점에서 가족을 보면, 가족은 단순히 가족 구성원들의 합에 불과하고, 가족 구성원들은 서로 분리·독립된 존재이다. 개인 중심적 관점에서의 주된 관심은 가족 구성원 개인이 얼마나 자신의 욕망을 잘 충족시킬 수 있는지, 가족이 그러한 욕망 충족의 걸림돌은 아닌지에 대한 것이다.

반면에 집단 중심적 관점에서 가족을 보면, 가족 구성원들은 서로 간에 밀접한 연관관계를 맺고 있으며, 개개의 가족 구성원은 독자적인 의미를 갖지 못하며, 가족이라는 집단의 구성원으로서만 존재의 의미를 인식할 수 있다. 이들의 관심은 가족의 이익과 발전을 위해서 무엇을 할 수 있는지, 가족을 유지하기 위해서는 어떻게 해야 하는가 등이다.

홍승표(2002b: 40)는 『깨달음의 사회학』에서 개인 중심적 관점이나 집단 중심적 관점이 지배적일 때 나타나는 문제를 다음과 같이 지적하고 있다. "개인 중심적 관점이 적당한 정도를 넘어섰을 때, 욕망의 무분별한 추구로 인해 사회 혼란이 야기되고, 인간은 사회에서 뿌리 뽑히는 고독과 소외를 경험하게 된다. 반면에 집단 중심적 관점이 적당한 정도를 넘어섰을 때는 개인이 갖고 있는 개성과 비판적 이성이 질식당하고 사회 구성원들이 집단의 신념 체계를 무비판적으로 수용할 것을 강요당한다."

개인 중심적 관점과 집단 중심적 관점은 개인과 사회 가운데 어느 것을 중시하느냐는 점에서는 차이가 있지만, 개인과 사회를 분리·독립된 실체로 인정한다는 공통점을 가지고 있다. 오늘날 가족관계를 바라보는 관점은 전통사회를 지배하던 집단 중심적 관점에서 개인 중심적 관점으로 무게의 중심이 이동하여 있다.

개인 중심적 관점은 욕망 충족을 추구하는 존재로 인간을 규정하고 있다. 따라서 가족관계는 가족 구성원의 욕망 충족에 대한 기대로 구성된다. 부부관계에서는 부부의 친밀성을 중요한 가치로 받아들이게 되고, 종족보존을 위한 성관계는 약화되는가 하면 성적인 욕구를 충족시키는 대상으로 상대편을 인식하게 된다. 그리고 부모와 자녀의 관계는 친구 같은 친밀한 관계를 모델로 하면서, 부모는 자녀의 욕구를 충족시켜 줄 수 있는 사회·경제적 조건의 제공자로, 자녀는 부모의 기대와 욕심을 충족시켜 주어야 하는 관계가 된다.

그러므로 자신의 욕망이 충족되지 않으면 가족관계는 쉽게 파괴되고, 그 결과 우리는 사회관계 가운데 가장 안정적인 관계로 인식했던 가족관계에서도 잠재적인 불안과 빈번한 해체를 경험하게 된다.

2) 애인 같은 부부관계

성별 분업 구조하에서 부부관계는 남편을 경제적인 생계 부양자로, 아내를 가족의 정서적 욕구를 충족시키고 자녀를 사회화시키는 역할의 담당자로 규정해 왔었다. 이러한 역할의 분화는 부부관계에 직접적인 영향을 미치게 되었다. 그 결과 부부관계에서 가장 기본적인 것은 주어진 역할을 얼마나 충실히 수행하느냐 하는 것이며, 그러한 역할수행의 전제에는 사랑이 작용하고 있다.

요즈음의 부부관계에서는 전통적인 부부역할 수행에 대한 기대는 약화되고 있다. 남편에게 전통적인 생계 부양자로서의 역할을 기대하기보다 가족 구성원과의 친밀성을 충족시켜 주기를 기대하는 경향이 강하게 나타나고 있다. 즉 부부관계를 중심으로 본다면, 사랑이 관계에 더욱 중요한 요인으로 작용하고 있다.

부부관계의 사랑의 척도는 무엇을 기준으로 하고 있을까? 애인과 같은 긴장감과 설렘, 그리고 정열이다. 사랑이 어떤 관계에서든 중요하다는 것은 부연 설명을 하지 않더라도 누구나 쉽게 동의를 할 수 있을 것이다. 그러나 사랑은 아주 다른 스펙트럼을 가지고 있기 때문에 그 관계에 따라 적절한 사랑의 느낌과 표현이 있어야 한다.

오늘날의 전형적인 부부관계는 반말을 주고받고, 친구처럼 꺼리는 것이 없고, 나의 욕구를 충족시켜 주고 상대의 욕구를 충족시켜 줄 수 있는 그런 관계이다. 그러므로 이러한 기준을 상대방이 충족시켜 주지 못하면, 관계를 파괴하고 새로운 관계를 모색하는 데 주저함이 없게 된다.

현대의 남성과 여성은 부부관계에서도 지속적으로 애인과 같은 감정을 유지하고자 한다. 우리는 이러한 현대적 관념들을 다양한 대중매체를 통해서 찾아볼 수 있다. 많은 상품 광고에서 아내는 '애인과 같은 아내'로 묘사되는 경우가 많다. 인터넷상에서 '애인과 같은 아내'로 검색을 해 보면, 관련 웹문서가 상당히 많이 검색된다. 주부대상의 토크 프로그램에 대한 비평에서 오늘날의 주부들이 꿈꾸고 있는 주부상을 다음과 같이 지적하고 있다.

> "이들 프로그램에 반영된 주부들의 모습은 사회구성원으로서의 모습은 전혀 보이지 않고, 가족들의 일상에 묻힌 존재로 한정되어 있다. …… 그들의 욕구 또한 '살림 잘하는' 그리고 '애인 같은' 아내일 뿐이다. 살림 잘하고 아이들 잘 키우는 현모양처이면서 성적 매력이 풍부한, 항상 젊게 살아가는 애인 같은 여자로 존재하길 요구하고 모두들 희망한다. 커리어우먼에 대한 욕구는 이미 접어 둔 지 오래지만 애인 같은 아내는 포기할 수 없다는 것인데, 그러나 그 안에는 묘한 장치가 엿보인다."(PD연합회보, 1998년 4월 30일자)

부부관계에서 애인 같은 아내를 이상적인 모델로 설정하게 되면,[92] 자연스럽게 성적인 만족도가 관계에서 중요한 위치를 차지

---

92) 오늘날 중산층의 주부 모델은 남편 출세와 자식 성공에 집착하는 자기희생적인 모성을 가

하게 된다. 이러한 현상은 한국사회의 성문화와도 밀접한 관련을 맺고 있다.

한국사회의 성문화는 아노미 현상을 보이고 있다. 전통적인 성문화와 성규범이 작용하기도 하고, 성의 자유를 추구하는 급진적인 경향이 나타나기도 한다. 따라서 부부관계에서도 전통적인 정절의 이념을 중시하면서, 동시에 성적인 쾌락을 추구하는 이중적인 모습을 볼 수 있다.

특히 성문화가 급변하면서 부부관계 가운데에서 성관계를 중요한 변수로 인식하기 시작했다. 물론 성은 인간의 가장 기본적인 욕구라는 것을 부정하고자 하는 것은 아니다. 그러나 오늘날 성에 대한 지나친 집착과 쾌락 추구의 경향들은 심각한 사회문제가 되고 있다. 매춘·포르노 등을 포함한 성산업이 성장하고 있고, 혼외 성관계가 증가하고 있으며, 원조교제 등 반인륜적인 성행위가 확대되고 있는 현실은 이러한 성문화 속에 함께하는 사회 구성원들에게 성관계에 대한 불안감과 불신감을 형성하게 한다.

최근 문제가 되고 있는 조기 이혼율의 증가는 다음과 같은 현실을 반영하고 있다. 첫째, 낭만적 사랑에 기초한 결혼의 선택과 결혼생활의 기대가 현실의 부부관계에서 실현되지 못하고 있다. 둘째, 현대의 가족은 맞벌이 부부의 증가와 성별분업구조의 약화로 인하여 부부관계의 경제적인 의존도가 약화되었다. 결국 오늘날의

지고 있는 것으로 묘사된다. 이러한 경향은 가족 이기주의를 조장하는 경향으로 나타나기도 하고, 상업주의와 결탁하여 '프로 주부', '미시족'에 대한 선망으로 나타나기도 한다. 특히 상업주의의 영향에 의해 주부들은 처녀 같은 외모 가꾸기와 성적인 매력 유지에 투자하게 되고, 남편의 성공적인 출세에 대한 내조, 재산 증식 등 자기 억압적이고 자기도취적인 슈퍼 우먼의 경쟁에 빠지게 된다고 한다(이영자, 1999).

여성들은 남편의 경제적인 부양에 의존해 있던 예전의 여성들과는 달리 이혼을 자유롭게 선택할 수 있게 되었다.

현실 속에서 형성하게 되는 부부관계를 통해서 현대의 부부들이 희망하는 애인 같은 감정이나 관계를 유지할 수 있을까? 이와 같은 부부관계에 대한 욕구를 충족시켜 줄 수 있는 부부는 극소수일 것이다. 아무리 성적으로 매력적인 남녀가 만나서 결혼을 하였다고 하더라도 정열적인 사랑은 그리 오랫동안 지속되지 않는다. 부부간의 사랑에는 세월의 흐름에 따라서 쇠퇴하는 부분도 있고, 커가는 부분도 있다. 오늘날의 부부들은 정열적인 사랑을 중시한다. 결혼생활을 통해서도 그들은 정열적인 사랑을 유지하고 확인하려고 함으로써 결국에는 관계의 파탄에 이르는 경우가 많다. 이렇듯 정열적인 사랑을 부부관계의 배타적인 목적으로 삼게 되었을 때, 이혼율의 증가는 피할 수 없는 일이라고 본다.

3) 친구 같은 부모 – 자녀 관계

핵가족화의 영향과 가족에 대한 사회적 기대의 변화 등으로 인해 자녀를 한 명만 두는 가족이 증가하고 있다. 그 결과 부모와 자녀의 관계는 더욱 밀접해지고, 중요한 의미를 가지게 되었다. 부모들은 소수의 자녀에게 기대와 사랑을 헌신적으로 주는 것을 부모의 도리라고 생각하고 있고, 그 결과 관계의 적절성이 무너져서 부자관계의 혼란을 초래하고 있다.

부모와 자녀의 관계는 너무나 가까운 사이이기 때문에 부모의 삶의 자세는 자녀의 삶에 직접적으로 영향을 미친다. 특히 일상생활을 함께하기 때문에 부모의 모든 습성을 자녀들은 거름장치 없이 바로 수용하는 모습을 흔히 볼 수 있다.

부모와 자녀가 관계를 훌륭하게 형성하는 것은 쉽지 않은 일이다. 주위의 부모와 자녀의 관계를 살펴보면, 지나치게 친밀하거나 소원한 경우가 많다. 이 두 가지는 양태로는 정반대이지만 근본적으로 보면 부모와 자녀 관계의 파탄이라는 동일한 현실을 드러내고 있다.

지나치게 친밀한 관계를 보면, 지나친 친밀함으로 인해서 부모와 자녀 관계가 격이 없어지고 관계 속에서 예의를 지키지 못하게 된다. 그리고 상대방을 존중하기보다는 자신의 욕구를 중심으로 상대방을 바라본다. 그러므로 부모는 자녀를 소유하려고 하거나 지배하려는 경향이 나타난다. 동시에 자녀는 부모가 자신의 욕구에 부응해 주기를 바라고, 기대를 충족시켜 주지 못하면 반항하거나 부모를 무시한다. 부모와 자녀 관계의 모델을 친구로 설정해두는 이런 형태의 관계는 결국 부모와 자녀 관계의 파괴를 말하는 것이다.

부모와 자녀 관계가 소원한 경우를 보면, 현대사회를 지배하고 있는 부모와 자녀 관계의 친밀성에 대한 기대를 충족시키지 못하기 때문에 관계 속에서 박탈감을 느끼게 되고, 비인간화를 경험하게 된다. 결국 관계는 파괴된다.

현대사회에서 좋은 부모와 자녀의 관계는 무엇일까? 현대사회에 지배적인 좋은 부모의 모델은 친구와 같은 부모이다. 2003년에 사회적으로 능력을 인정받고 있는 '30 – 40대 직장인 가장들을 대상으로 한 설문조사'에서 직장인들은 본인이 '엄격형 아빠'보다는

'친구 같은 아빠'로 생각하는 것으로 나타났다. 그들은 '자녀로부터 귀하는 어떤 아빠로 비쳐지고 있다고 생각하십니까?'라는 질문에 응답자 가운데 40%(168명)가 '잘 놀아 주는 친구 같은 아빠'라고 응답했다. 그 다음이 '지킬 건 지키는 엄격형 아빠'로 29%(121명)가 답했다(디지털타임스, 2003년 5월 6일자).

현대사회의 부모들에게 친구 같은 아빠나 엄마가 되는 것은 하나의 숙제다. 모든 부모들은 친구 같은 부모가 되고 싶어 한다. 친구 같은 부모를 기대하는 것은 자녀의 입장에서도 마찬가지다. 권위적으로 명령하기보다는 자신의 말을 잘 들어주고, 통제하기보다는 자신을 인정해주는, 함께 놀아 주는 편안한 친구 같은 부모를 원한다.

얼마 전 '어린이 경제교육 프로그램'에 참여한 어린이들에게 '백수 아빠'라는 상황극을 만들게 하였다. 상황극의 내용은 직업이 없는 아빠가 할아버지의 도움으로 생활을 해 오다가 할아버지가 경제적인 독립을 요구한다면 어떻게 할 것인가에 대해서 아이들의 생각을 물었다. 놀랍게도 한 조에서 할아버지를 청부 살해하고 유산을 타겠다는 아이디어를 냈다.

아이들의 대부분은 부모로부터 유산을 물려받을 것을 기대하고 있었고, 자신이 경제적인 독립을 할 때 부모가 전세금은 도와줘야 한다고 생각했다. 심지어 20%의 어린이는 자기 아이들의 교육비마저 부모가 대신 내주기를 바란다고 답했다.[93]

이 사례를 통해서 단순히 자녀들의 경제관을 문제로 삼기보다는

---

93) 한국경제신문과 청소년 경제교육기관인 데카코리아 주최로 '어린이 경제교육캠프'가 실시되었다. 이 캠프에는 초등학교 4－6학년 학생 80명이 참가하였다(한국경제신문, 2003년 4월 28일자).

더 심각한 부모와 자녀 관계의 위기를 엿볼 수 있다. 이러한 관계 파괴의 원인은 무엇일까? 부모 - 자녀 관계의 파괴는 적절한 부모 - 자녀 관계관을 가지고 있지 못하기 때문에 나타난다. 그렇다면 부모와 자녀는 어떤 관계를 형성하는 것이 가장 이상적일까? 현대 사회의 부모들은 자녀의 욕구를 충족시켜 주는 것에 급급하다. 다음에서는 부모와 자녀 관계의 이상적인 모델을 유교적 가족관계관에서 찾아보겠다.

2. 유교 가족관계관

1) 유교 가족관계관의 세계관

유교적 가족관계관의 세계관적 기초에 대해서는 최봉영(2002: 215 - 216)이 조선시대 가(家)의 개념을 규정하면서 잘 설명하고 있다. 그는 통체 - 부분자적 세계관을 통해서 가의 개념을 설명하고 있다. "가 중심의 가치체계에서는 가는 나(自家)와 나의 실현(自家實現)의 성격을 규정하는 동시에 구체적인 사회조직으로서 본가(本家)와 업가(業家)와 국가(國家)의 성격을 규정하는 핵심적 개념이다."

이러한 가치관에 의해서 가는 다음의 구조적 원리를 가진다고 한다. 조선시대의 가는 나를 뜻하는 것이며, 혈연집단인 본가를 뜻하고, 생업집단인 업가를 뜻하기도 하며, 국가를 뜻하는 것이다. 즉, 조선시대의 가는 개체로서 나와 사회조직으로서 '우리'를 함께

뜻하고 있다(최봉영, 2002: 216 - 217).

개인과 사회조직이 분리되어 있는 것이 아니라, 개인의 실현이 가족의 실현이 되고 나아가서 국가의 실현이 된다는 관계를 설정하고 있다. 이러한 가의 개념은 현대사회의 가족의 개념보다는 더 포괄적인 범주이다. 그러나 우리가 관심을 가지고 있는 가족 구성원과 가족의 관계를 중심으로 살펴본다면 유교적인 세계관이 어떻게 나타나는지를 알 수 있다.

유교적 가족관계관에는 전근대적인 집단 중심적 관점과 탈현대적인 통일체적 관점이 혼재하여 있다. 전근대적인 유교적 가족관계관을 지양하고, 탈현대적인 유교적 가족관계관을 추출해 보면, 이는 현대의 가족관계의 문제를 해결해 나가는 데 좋은 지침을 제공해 줄 수 있다.

유교적 가족관계관에는 전근대적인 집단 중심적 관점이 내포되어 있다. 유교는 남녀(男女), 장유(長幼), 군신(君臣), 귀천(貴賤), 친소(親疏) 등의 분별의 원리에 입각한 사회질서를 제공하고 있다.[94] 그러므로 지배집단의 기득권을 유지하거나 지배질서를 옹호하는 데 상당히 쉽게 이용될 가능성이 크다. 또한 유교는 집단을 위한 개인의 희생을 요구하는 경우가 많다. 따라서 유교적 가족관계관은 집단 중심적인 관점이 상당 부분 내재한다.[95]

그러나 여기서 강조하고자 하는 것은 유교적 가족관계관에 내재

---

94) 최홍기는 "유교적 이데올로기에서는 수직적으로 상하에 따라 위계관계를 구분하는 차등주의와 수평적으로 원근에 따라 친소관계를 구별하는 차별주의가 사회를 조직하는 두 개의 이념적인 축이 되고 있다."고 한다(최홍기, 1994).

95) 유교적인 가족주의는 오늘날 한국사회에서 가족 이기주의, 집단 이기주의, 연고주의와 정실주의 등의 양상으로 나타나고 있다고 본다(김동춘, 2002).

하여 있는 통일체적 세계관이다. 이는 현대사회가 직면하고 있는 다양한 관계들이 드러내는 문제를 해결해 줄 수 있는 지혜를 제공할 수 있다. 현대사회는 모든 관계를 분리·독립된 갈등과 투쟁의 관계로 인식한다. 이 때문에 가족구성원들 간의 분리와 갈등의 문제를 적절하게 인식할 수 없으며, 이러한 문제를 해결할 수 있는 힘도 가지고 있지 못하다. 통일체적 세계관은 개인과 집단, 집단과 집단, 인간과 자연 등의 대립물의 관계를 새롭게 바라볼 수 있는 세계관을 제공해 준다.

통일체적인 관점에서 가족을 바라보면, 가족 구성원들의 개성을 억압하지 않으면서 이상적인 조화를 추구하는 새로운 가족 모델을 만들 수 있다. 홍승표(2002b)는 "통일체적 세계관의 관점에서 보면, 개체는 자신의 독자성과 자율성을 갖고 있다. 그리고 독자성의 바탕 위에서 대립물들과의 조화를 이룬다. 그러므로 통일체적 세계관은 개인의 개성과 자유를 억압하지 않고도 현대 사회가 직면하고 있는 대립물들 간의 분리와 반목의 문제를 적절히 해결할 수 있는 세계관적 기초를 제공해 준다"고 한다.

지금까지 가족을 이해하는 관점은 가족 구성원인 개인과 가족이라는 집단을 대립적으로 인식하였다. 따라서 가족 구성원 개인의 욕구와 이익을 중시하면 가족이 무시되고, 가족의 이익을 중시하면 개인이 가족을 위해서 희생해야 하는 관계에 있다고 본다. 이러한 관점은 가족 구성원들의 관계에도 영향을 미친다. 부부관계와 부모－자녀 관계를 이러한 대립적인 관계로 바라보기 때문에 오늘날 우리들이 직면해 있는 가족의 위기가 심화되게 된다.

2) 부부관계

유교적 관점에서 볼 때, 부부의 이상적인 관계는 부부유별(夫婦有別)이다. 이 개념은 『중용』 20장의 오륜(五倫)에 대한 설명에 나온다.[96] 오늘날 우리들은 부부유별의 관계관을 전통사회에서 부부차별의 개념이 엄격하게 적용된 것으로 인식한다. 여기서는 부부유별의 관계관이 유교적인 삶에서 어떻게 실현되었는가를 살펴보고, 그 가운데서 현대사회의 부부관계의 발전을 위한 대안적인 지혜를 찾아보고자 한다.

『예기』에서는 부부관계에 대해서 아래와 같은 관계의 지혜를 말하고 있다.

> "예는 부부 사이의 도리를 삼가는 데에서부터 시작된다."[97]
> "부부 사이의 예의는 오직 칠십 세가 된 뒤에는 부부가 한곳에 거처하고 안팎을 구별하지 않는다."[98]

부부 사이의 예의를 칠십 세가 되기까지는 구별하여야 한다는 생각은 그만큼 관계 속에 긴장과 거리를 유지하기 위해서 노력을 기울여야 한다는 것이다. 가까운 사이일수록 예를 지키기가 어렵고 예를 지키지 못하면 건강한 관계를 맺을 수 없다는 진리를 이러한 관계관이 강조하고 있다. 특히 "부부는 인륜(人倫)의 시초가 되기 때문에 삼가지 아니한다면, 곧 그 인륜의 질서가 어지러워지는 것

---

96) 『中庸』, "孟子所謂父子有親, 君臣有義, 夫婦有別, 長幼有序, 朋友有信."
97) 『禮記』, 「內則」, "禮始於謹夫婦."
98) 『禮記』, 「內則」, "夫婦之禮唯及七十同藏無閒."

이다. 그러므로 예는 부부가 서로 삼가는 데서 비롯된다고 하는 것이다"라고 한다(민족문화추진회 편, 1997: 256).

유교사회에서는 예의 정신을 아주 중시하는데, 예의 실현을 부부 사이의 도리를 삼가는 데에서 시작된다고 한다. 이는 부부관계의 친밀성을 부정하는 것이 아니라, 가장 친밀한 부부 관계일수록 도리를 삼가기 힘들기 때문에 강조하는 것이다. 그러므로 가장 친밀한 부부 관계에서 삼갈 줄 알면 비로소 예가 실현된다는 것을 말한다.

퇴계 같은 신유학자들은 일상생활에서 실제로 부부의 관계관을 교육하였다. 퇴계는 손자 안도(安道)에게 부부관계가 얼마나 기초적이고 소중한 관계인가를 지적하였다. 그는 부부라는 것은 인륜의 처음이며 만복의 근원이니, 아무리 지극히 친하고 가까워도 역시 지극히 바르고 지극히 삼가야 하는 자리라고 강조한다. 그리고 부부관계에서 예의와 공경이 중요한 덕목이며, 그것은 저절로 만들어지는 것이 아님을 충고하고 있다.

> "부부관계에서의 예를 중시하여 모름지기 지아비는 따뜻하면서도 의로써 규제하고, 아내는 유순히 올바르게 받들어 부부간에 예의와 공경을 잃지 않아야만 가정의 일이 다스려질 수 있다. 아내가 만일 나의 몸가짐과 말이 한결같이 바른 것을 보게 되면 반드시 차츰 미더워하면서 순종할 것이다."(이정덕 외, 1999: 8 재인용)

퇴계의 부부관계를 기억하면서 오운(吳澐)은 "선생은 21세에 부인 허씨(許氏)를 맞아서 서로 공경하기를 손님처럼 하였다"고 기록하고 있다(퇴계학연구원, 1999). 이러한 부부관계관은 일상생활 속에서 부부간에 예의를 지키는 것이 중요함을 지적하고 있다. 이 부분에 대해서 『율곡집』에는 다음과 같은 설명을 하고 있다.

"지금의 배우는 자들은 비록 밖으로는 긍지를 가지고 있으나, 안으로 독실함이 적어서 부부간에 이부자리 속에서 정욕을 방종하게 하여 그 위신과 예를 잃었으므로, 부부 사이에 서로 희롱하지 않고 서로 공경할 수 있는 자가 매우 적다. 이렇게 하고서 몸을 닦고 집안을 바루려 하니 어찌 어렵지 않겠는가. 모름지기 지아비는 화(和)하여야 하되 의(義)로써 의거하며, 지어미는 순(順)하되 바름으로써 지아비의 뜻을 이어받아 부부간에 예와 공경함을 잃지 않은 후에야 집안일이 다스려질 수 있으니, 만일에 종전에 서로 희롱하다가 일조에 갑작스럽게 서로 공경하려 한다면 행하기가 어려울 것인즉, 모름지기 아내와 서로 삼가 근신하면 반드시 이전의 습관을 버리고 점차로 예에 들어가게 될 것이다."(민족문화추진회 편, 1997: 439)

지금까지 유가의 관계관은 위계적 질서를 재생산하고, 억압의 구조를 고착화시키는 역할을 하는 것으로만 평가를 받아 왔다. 그러한 비판은 일면 타당성을 갖고 있다. 그러나 부부유별의 정신 가운데는 예의 정신이 포함되어 있다. 부부관계에서 예의 준수를 중시한다. 예의 정신은 상대를 존중하고 자신을 낮추며, 자세나 태도에서 공손한 마음가짐을 갖는 것이며, 사양하는 마음이다(홍승표, 1999: 119).

오늘날 현대사회의 부부관계에서 가장 부족한 것이 무엇인가를 생각해 보면 바로 예의 정신이다. 친밀함만을 강조하면서 서로를 함부로 대하는 예의 정신의 부재가 현대사회의 부부관계를 쉽게 파국으로 이끄는 원인이 되고 있다. 그러므로 유교적 부부관계에서 강조하는 예의 정신은 현대 부부관계의 문제를 극복하는 데 크게 기여할 수 있다.

3) 부모 – 자녀 관계

유가에서 부모와 자녀의 관계는 어떤 것이었을까? 우리는 전통

사회의 부모와 자녀관계를 권위적인 부모와 그 권위에 순응하는 자녀의 관계로 그리고 있다. 엄격한 아버지와 자녀들을 정서적으로 돌보는 어머니라는 역할을 설정한다.

가족과 함께 있을 때 말이 적은 아버지, 가족을 부양하는 책임이 부담스럽지만 당연하게 받아들이는 아버지, 잘 웃지도 않고 슬픔이나 두려움이 있어도 말하지 않는 아버지, 늘 밖의 일로 바쁜 아버지. 그래서 요즘의 젊은 아버지들은 그런 아버지의 모습에서 느낀 소원함을 벗고 가족과 함께하는 친근한 아빠가 되기 위해서 노력하고 있다. 가족 내에서 정서적인 기능을 담당해 왔던 어머니들도 자녀들과 더 친밀하고 가까운 친구가 되어 주고자 노력한다.

우리에게 가부장적인 권위와 엄격함만으로 이해되고 있는 유교 사회의 가족에서도 부모와 자녀의 관계에서 친밀함은 중요한 과제였다는 것을 알려 주는 예들이 있다. 퇴계는 부자관계의 친밀함을 모든 인간관계에 앞서서 확보하여야 할 최우선 과제로 삼았다고 전해진다. 퇴계는 "부자자효(父慈子孝)에 있어 부모가 그 자식을 사랑하는 것을 자(慈)라 이르고, 자식이 그 부모를 잘 섬기는 것을 효(孝)라 이르며, 효는 하늘의 본성에서 나온 것으로 모든 선의 으뜸이니, 그 은혜가 지극히 깊고, 그 윤리가 지극히 무겁고, 그 정이 가장 절실한 것이다"라고 했다(이정덕 외, 1999: 10에서 재인용).

이처럼 부모와 자녀관계의 사랑을 기본적인 도리로 설정하면서 다음으로 강조한 것이 자녀교육에 대한 부분이다. 퇴계나 율곡 같은 유학자들은 모두 언행록에 자녀교육에 대한 부분을 일상생활의 중요한 항목으로 가르치고 있다.

율곡은 "자식을 낳으면, 조금씩 알기 시작할 때부터 의당 선(善)

으로 인도할 것이며, 만일에 어려서 가르치지 아니하면 자라서는 그른 데 습관이 들고 방심하여 가르치기 매우 어려울 것이다. …… 대저 한 집안에 예법이 홍행하고 책과 필묵(筆墨) 이외에 다른 잡기(雜技)가 없으면, 자제들도 역시 학문을 버리고 밖으로 내달릴 폐단이 없을 것이다."라고 했다(민족문화추진회 편, 1997).

소학에서도 이야기하고 있듯이 어릴 때의 교육이란 몸에 익히는 것들로 일상생활의 습관을 교육하는 것을 말한다. 몸에 익히는 습관은 부모의 생활이 자녀들에게 그대로 전수되는 것이므로 그만큼 부모들의 삶에 대한 자세가 중요하다는 것을 강조하는 것이다. 또한 집안의 예법이 중요함은 자녀 교육의 모델이 부모라는 것을 지적하는 것이다.

유교적 질서가 지배했던 사회의 교육은 대부분 가족을 중심으로 이루어졌기 때문에 부모의 교육자로서의 역할과 선험자로서의 역할은 자녀에게 아주 중요한 모델로 작용했을 것이다. 더욱이 부모와 자녀의 관계는 친밀한 관계였으므로, 일상생활을 통해서 부모가 자녀의 삶의 본으로서 살아간다는 것은 쉬운 일이 아니었을 것이다. 그래서인지 유학자들은 친근한 관계에서의 관계맺음의 지혜를 근엄함으로써 제시하고 있다. 특히 부모와 자녀의 관계는 정(情)으로써 예(禮)를 이기고, 은(恩)으로써 의(義)를 빼앗게 되므로 경계하는 바가 크다. 오히려 엄격하고 삼가는 것이 지나치면, 정리가 손상되지 않을 수 없으나, 진실로 법도는 세우고 윤리를 올바르게 하면, 바로 은의가 존립할 수 있는 것이라고 한다.

자녀교육은 어린 시절부터 시작하여 스스로 몸에 익히도록 하고, 나아가서 선인의 삶을 본으로 하여 가르치며, 자녀에게 반복적으로 격언과 의로운 행적을 들려줌으로써 자신의 일에 처했을 때 처신할 수 있는 능력을 길러 줄 것을 핵심으로 이야기하고 있다.

> 정자는 말하기를 "옛날 사람은 자식을 낳아서 그가 능히 스스로 밥 먹을 줄 알거나, 능히 말할 줄 알게 되면, 곧 그를 교육시키되 소학(小學)의 법도를 가르치고 선인(先人)들의 어렸을 때 일을 미리 하도록 한다. 분별하는 생각이 아직 주장하지 못한다면, 곧 격언(格言)과 지당한 의론으로써 날마다 그 앞에서 얘기하며, 비록 잘 깨닫지 못한다 할지라도 또한 마땅히 배우고 익히게 하면 귀에 차고 마음에 가득하여, 오래가면 스스로 편안히 익혀져서 마치 그것이 본래부터 있는 것같이 되므로, 비록 다른 말로써 현혹시킨다 할지라도 빠져들지 않을 것이다."(민족문화추진회 편, 1997)

퇴계 선생은 자녀를 교육할 때, 화를 내거나 크게 꾸짖지 않았다고 한다. 그보다는 여러 차례 타일러서 스스로 깨닫게 하였다고 전한다.

> "자손들을 훈계하여 가르칠 때는 반드시 먼저 효경(孝經)·소학(小學) 같은 책들을 가르쳤으며, 어느 정도 문리가 통한 다음에 사서(四書)를 가르쳐서, 정연한 순서가 있었으며 단계를 뛰어넘는 법이 없었다. 자손들이 잘못이 있으면 심하게 꾸짖지 않고, 거듭거듭 타이르고 훈계해서 스스로 감동하여 깨닫도록 했다. 비록 비복(婢僕)이라도 역시 박절하게 화를 내어 꾸짖지 않았으며, 집 안팎이 즐겁고 화목하여 소리를 높이고 얼굴을 변하는 일이 없어도 모든 일이 저절로 다스려졌다."(퇴계언행록, 1999)

위의 예를 통해서 부모와 자녀 관계에서 부모가 권위적이고 억압적인 방법이 아니라 자녀에 대한 존중을 전제로 하고 있음을 보여 준다. 자녀에게 스스로 반성할 기회를 주고, 자녀를 인격적으로 존중하는 가운데 부모와 자녀 관계의 신뢰도 커지고 자녀는 완전한 인격체로 성숙하게 되는 것이다.

이러한 자녀에 대한 존중을 이정덕은 고려사 열전의 대각국사조 (大覺國師條)를 인용해서 다음과 같이 해석하고 있다. "왕자가 출가하기를 원하자 부왕이 적극적으로 지원하는 모습을 볼 수 있다. 여기서 나타난 자녀에 대한 태도는 자식이 원하는 바를 성취할 수 있게 자식을 떠나보낼 줄 아는 건강한 인격을 가진 부모의 모습이다. 즉 부모 – 자녀와의 관계가 지나치게 밀착되어 있지 않아 독립성을 저해하지 않고 적정한 정서적 거리를 유지하고 있음을 알 수 있다. 따라서 여기서 나타난 부모 – 자녀 간 윤리는 건강한 개인의 모습을 바탕으로 각자의 선을 넘지 않는 역할을 충실히 시도하는 쌍무적 윤리임을 나타내 준다."(이정덕 외, 1999: 8)

퇴계는 아들을 비롯한 조카, 손자에게까지 친히 편지를 보내서 글 읽기에 충실할 것과 직면한 현실에서 성숙해지기 위한 적절한 준비에 대한 지침을 제공해 준다. 그리고 그러한 삶의 본으로서의 역할에 충실하고 있다. 유교적 가족관계관에서 부모와 자녀의 관계에서 올바른 부모 됨의 가장 중요한 의미는 자녀들에게 삶의 본으로서의 역할을 수행하는 것이다.

3. 유교 가족관계관의 탈현대적 함의

현대를 살아가는 우리들은 누구나 가족을 통해서 사랑을 실현하고 안정된 생활을 영위하기를 희망한다. 그러나 우리가 현실적으로 그런 가족의 주인이 될 수 있는가는 다른 차원의 문제인 것 같다.

최근 가족 해체에 대해서, 여성학자들은 가족이 개인의 삶을 구속하는 특히 여성의 삶을 억압해 온 면이 강하기 때문에 이제 그 누구도 가족을 위한 희생을 원하지 않고, 희생을 감수할 수 없기 때문에 자연스럽게 가족 해체의 현상이 증가하고 있다고 한다. 가족이 해체되고 있는 이런 현상은 심지어 여권이 신장되었다는 하나의 증거라고도 한다. 하지만 우리가 관심을 가져야 할 것은 이러한 현실 속에서 우리가 과연 행복한가의 문제이다.

우리가 목표로 삼아야 하는 것이 가족제도를 사수하는 것은 아니다. 그러나 오늘날과 같은 가족의 해체는 우리에게 정서적 안정을 제공해 주던 가족의 기능이 약화되고, 가족 구성원들이 가족을 통한 안정감을 얻지 못하는 결과를 빚고 있다. 현대사회를 지배하고 있는 가족관계관은 더 이상 가족이 직면한 위기 상황으로부터 탈출을 위한 해답을 제공해 주지 못하고 있다. 현대 가족의 위기는 가족관계관 자체가 가지는 한계에 의해서 야기되는 필연적인 결과이다.

현대사회에서는 인간을 욕망 충족을 추구하는 존재로 규정하고 있다. 그러므로 가족관계를 통해서 자신의 욕망을 충족시키려고 노력하고, 욕망이 충족되지 않으면 가족을 이탈하려고 한다. 그러므로 현대인들이 공유하고 있는 이런 관점 자체가 가족 위기의 본질이라고 할 수 있다.

이러한 문제를 해결하기 위해서는 새로운 가족관계관을 모색하여야만 한다. 문제해결을 위한 지혜를 유교적 가족관계관은 내포하고 있다. 부부관계에서는 상호 존중을 유지시켜 줄 수 있는 경어의 사용, 거리 유지와 유별의 미학이 바로 그것이다. 부부관계에서 친밀성만을 강조하는 현대의 부부관계는 친밀성을 형성하기 위해서 허물없이 지내게 되고, 허물없이 편하게 지내는 관계에서는 서로에 대한 존중감을 유지하기가 쉽지 않다. 결과적으로 쉽게 관계가 깨어진다.

그러나 부부관계에서 경어 사용과 거리를 유지하게 되면, 감정을 상하게 하는 경우에도 예를 잃지 않게 될 것이며, 예를 잃지 않으면 관계가 파국으로 치닫는 데 방패막이 되어 줄 수 있을 것이다. 그리고 오늘날과 같이 부부관계가 지나치게 친밀한 흉허물이 없는 사이가 되면 서로에 대한 신뢰도 쉽게 깨어지고 매력도 쉽게 상실하게 된다.

중국의 운남성에 여행을 갔을 때 다음과 같은 이야기를 들었다. 운남성에는 중국의 56개 소수 민족 가운데 51개 소수 민족이 함께 살고 있다. 그런데도 그 많은 소수 민족들이 수천 년 동안 각자의 전통을 잘 유지하면서 사이좋게 살고 있었다. 어떻게 그렇게 많은 소수 민족이 자신들의 고유의 전통을 지키면서 함께 어우러져 살아갈 수 있을까? 티베트인 가이드는 그들이 함께 공존할 수 있는 지혜는 서로 거리를 유지하면서 존중하는 지혜에서 나오는 것이라고 했다.

우리는 이러한 지혜를 가족관계관에도 적용시킬 수 있을 것이다. 가족은 어떤 집단보다도 정서적으로는 친밀하며, 경제적으로는 하나의 공동체이다. 그러므로 서로 너무 친밀함만을 추구하게 되면 서로를 존중할 수 있는 미덕을 상실하게 된다. 부모가 자녀를 너무 사랑하다가 보니까 자녀의 삶을 자기 맘대로 결정하고 따르기만을 기대하게 되는 것이다. 그러나 이러한 방식으로는 건강한 부모와 자녀 관계를 만들 수가 없다. 근본적으로 필요한 것은 서로 간의 존중, 즉 예의 정신이다. 이러한 예의 정신이 바로 유교적 세계관의 핵심이다. 그리고 그것은 통일체적 세계관으로 잘 드러나고 있다.

유교적 가족관계관을 통해서 현대 가족위기의 대안을 찾겠다는 시도는 참으로 위험한 발상으로 치부될 수도 있을 것이다. 특히 유교가 현대사회의 발전의 발목을 붙잡고 있는 거대한 걸림돌이라고 생각하는 입장에서 보면 시대착오적인 발상으로 보일 수 있다.

그러나 현대사회를 지배하는 개인 중심주의 관점이나 집단 중심주의 관점으로는 오늘날 우리가 직면하고 있는 가족의 위기를 해결하기 위한 대안을 제시할 수 없다. 동시에 유교적 가족관계관에는 위계적이고 개인의 희생을 강조하는 집단 중심주의적 관점이 상당 부분 내포되어 있는 것도 사실이지만, 오늘날의 가족문제 해결에 도움을 줄 수 있는 통일체적 세계관의 특징을 많이 갖고 있다.

유교적 가족관계관에서 현대 가족위기의 해답을 찾고자 하는 시도는 유교적 가족관계관을 재현하여 전통적인 가족관계로 돌아가자는 복고주의를 주창하는 것이 아니다. 유교적 가족관계관 속에는 집단을 중시하기 때문에 개인의 희생을 강요하는 버려야 할 잔재가 있다. 그러나 이와 동시에 유교적 가족관계관 속에는 현대인들이 직면하고 있는 가족위기를 극복할 수 있는 통일체적인 세계관이 내포되어 있는데, 우리가 가치를 부여해야 할 측면은 바로 이 부분이다.

제2장

동양사상과 탈현대적 가족 여가모델

지금 우리들이 살고 있는 이 세계에는 현대로부터 탈현대로의 거대한 지각 변동이 일어나고 있다. 변동의 근원은 생산의 자동화이다. 전근대에서 근대로의 이행기에 인간의 근력이 기계력으로 대체되었듯이, 근대에서 탈현대로의 이행기라고 할 수 있는 지금, 인간의 지력이 인공지능으로 급속하게 대체되어 가고 있다. 그 결과, 동일 단위의 상품을 생산하는 데 소요되는 노동의 양은 급속하게 감소하고 있다. 따라서 노동과 생산을 중심으로 하는 삶과 사회관계, 집단생활의 형식이 현저하게 약화되고, 증대한 여가가 그 자리를 차지하고 있다. 가족은 이런 사회변동의 중심에 있다.

사회구조의 급격한 변화로 인해서 가족여가가 늘어나고 있다. 그리고 여가의 증가뿐만 아니라 노동형태의 변화 또한 가족이 함께 보내는 시간이 증가하는 요인이 된다. 여가가 늘어나고 가족이 함께하는 시간이 증가할 것은 분명한 사실이지만, 이 늘어난 시간을 어떻게 보낼 것인가의 문제는 가변적이다. 여가를 어떻게 보내는가에 따라서 우리들의 삶과 문명의 미래는 크게 달라질 것이다.

1. 여가와 가족의 현주소

1) 현대사회에서 가족여가의 의미

노동시간이 줄어들고 여가시간이 증가하는 사회구조의 변화로 인하여, 현대사회에서 가족의 여가공동체로서의 기능은 강화되고 있다. 그러나 현대사회의 가족은 늘어난 여가를 어떻게 보낼 것인지에 대한 지혜를 가지고 있지 못하다. 그렇다면 현대사회의 가족은 가족여가를 어떻게 보내고 있을까? 그들이 경험하는 가족여가와 가족여가에 대한 만족요인을 통해서 현대사회의 가족여가의 의미를 유추해 볼 수 있다. 현대 가족여가의 특징을 살펴보면, 다음과 같다.

첫째, 가족여가의 공유 정도가 높을수록 여가에 대한 만족도가 높다. 현대사회를 지배하는 가족관계관은 개인 중심주의의 영향이 강하게 나타나고 있다.[99] 그렇다면 가족여가라는 공동체를 통한 여가의 경험보다는 개별적인 여가 즐기기가 선호될 것으로 예측된다. 하지만 가족들은 여가에 대한 만족도를 평가하는 데 있어서 가족여가를 공유하는 가족일수록 여가에 대한 만족도가 높은 것으로 나타났다(김혜영, 2004: 162 - 163).

둘째, 오늘날 가족이 경험하는 가족여가는 대부분 소비적인 활동에 초점을 맞추고 있다.[100] 윤지환(2002)은 오늘날 여가의 특징을 상업화, 개인화, 다양화, 국제화로 규정하고 있다. 이 연구에서 대표적인 여가지표로 사용되는 것은 관광이다. 이와 같이 여가를 즐긴다는 것이 마치 상품화된 문화를 소비하는 것으로 치부되고 있다. 이런 현상은 다른 연구에서도 유사하게 나타난다.

윤소영과 차경욱(2004)의 연구에 의하면, 가족여가 활동은 '가족과 외식하기', '가족과 야외 나들이, 여행하기', '가족과 대화, 가족과 함께 지내기', '시장이나 백화점 나들이' 등으로 나타났다. 물론 세대에 따라서 가족여가 활동의 유형은 다른 비중을 보이지만, 대부분이 소비적인 활동에 초점을 맞추고 있다는 사실을 알 수 있다.

셋째, 오늘날 가족은 가족여가를 위한 경제적·시간적 부담을 느끼고 있다. 김혜영(2004)의 조사에 의하면 가족여가에 대한 설문조사에서 가족여가의 가장 큰 장애로 응답자들은 '시간부족'과 '경제적인 부담'을 지적하고 있다. 현실적으로 가족여가를 공유하기 위해서는 가족 구성원들의 의도적이고 적극적인 노력이 필요하다.

---

99) 부부관계의 경우, 가족을 유지하기 위한 인내보다는 이혼을 선택하거나 선택할 수 있다는 경향이 증가하고 있다. 부모와 자녀관계의 경우, 자녀를 위한 부모들의 무조건적인 헌신이 일반적이던 가치관에서 벗어나 무자녀 가족의 형태를 선택하는 경향이 나타나기도 한다.

100) 여가욕구는 증대하지만 가족여가의 다양한 프로그램이 제공되지 못하므로, 오히려 많은 시간과 금전이 과시적이고 전시적인 가족여가 활동으로 나타날 수 있다. 이런 가족여가는 계층적으로 여가소외 현상을 낳기도 한다(지영숙·이태진·최보아, 2002), p.195.

개인주의가 팽배한 사회구조 속에서 가족을 통한 가족여가의 공유를 시도하고자 할 때는 구성원들의 가족여가를 통한 가족의 통합력의 제고에 대한 가치부여와 노력이 전제가 되어야 한다(지영숙·이태진·최보아, 2002: 195).

넷째, 가족여가는 여가에 참여하는 구성원에 따라서 여가와 반여가가 동시에 나타난다. 이런 현상은 가족 구성원의 성역할에 따라서 차이가 있다. 어머니 혹은 아내의 역할을 담당하는 여성의 경우, 가족여가의 과정에서 여가를 향유하는 주체이기보다는 다른 가족 구성원들의 여가를 위한 보조적 역할을 수행하게 된다. 따라서 그들에게 가족여가는 여가라기보다는 새로운 일로 인식되는 경향이 있다.

이와 같은 문제에 직면하게 되는 것은 현대사회를 지배하는 가족여가의 내용적 한계에 의해서 초래되는 결과이다. 현대사회를 지배하는 가족여가는 대부분 소비적인 활동으로 구성되기 때문에 가족여가에서 구성원 각자가 주체적인 경험과 적극적인 여가의 주인이 되지 못한다. 오히려 여가활동 자체를 대상화하게 되고, 여가활동의 적극적인 향유자가 되기보다는 상품화된 여가형태에 의존하는 경향이 많이 나타나고 있다.

2) 현대사회의 가족여가의 문제점

오늘날 가족여가의 현주소는 어디인가? 현대사회의 가족여가에는 다음과 같은 문제점이 있다.

첫째, 현대사회의 가족여가는 소비지향적인 특성을 가지고 있다. 오늘날 대부분의 가족을 지배하는 가치관은 개인 중심주의이다. 이런 가치관 속에서 가족이 추구하는 것은 가족 구성원들의 만족과 자기 욕구의 실현이 중심이 된다. 따라서 가족이 추구하는 가족여가는 가족 구성원들의 만족을 위한 오락적이고 자기만족적인 것이 목표가 된다. 이런 가족여가는 자본주의 구조와 결합하여 쉽게 상품화되는 경향을 보이고 있다(김혜영, 2004: 163).

요즘 가족여가에 대한 관심은 가족이 얼마나 많은 여가를 가질 수 있는지, 그 여가를 통해서 얼마나 많은 것을 소비적으로 경험하는가에 집중하고 있다. 따라서 가족외식의 빈도, 여행의 빈도, 문화체험의 기회 등이 가족여가를 평가하는 기준이 되고 있다. 하지만 가족이 상품화된 여가 프로그램을 많이 소비하면 할수록 더욱 바람직한 가족여가를 보내는 것이라고 평가하는 것이 올바른 것일까? 가족여가에 대한 이런 평가 기준의 적용은 현실에 영합하기만 할 뿐, 현실의 가족여가의 문제점을 인식하고 창조적인 가족여가의 가능성을 모색하는 것을 근원적으로 차단하는 문제점을 내재하고 있다.

둘째, 현대사회는 시대적인 요구에 부합하는 바람직한 가족여가의 모델을 제시하지 못하고 있다. 여가에 대한 현대사회의 관심과 여가가 현대인의 삶에서 차지하는 비중은 나날이 증대하고 있다. 그러나 삶에서 여가가 과연 무엇을 의미하는 것이 바람직한 것인지에 대한 고민은 충분히 이루어지고 있지 못하다. 여가에 대한 기존의 논의는 현상적인 여가의 소비에 초점을 맞추고 있기 때문에 그 즐김의 양상이 무엇인지에 대한 고찰이 주를 이루고 있다.

여기에는 여가가 즐김과 소비의 대상이라는 전제가 이미 깔려 있다. 그러나 여가를 소비적인 방식으로 즐기는 것으로 충분히 그 의미를 다했다고 할 수는 없을 것이다.

사회구조의 변화로 인하여 가족여가는 새로운 국면을 맞이하고 있다. 노동시간이 삶의 중심을 이루던 과거와 달리 여가시간이 점진적으로 증가하는 삶의 구조에서 여가를 어떻게 보내는가는 어떤 삶을 살아갈 것인가와 직결되는 문제이다. 따라서 삶의 수준을 높일 수 있는 여가 보내기의 모델이 제시되어야 한다. 하지만 현대사회의 가족여가는 이러한 시대적인 사명을 충족시킬 수 있는 모델을 제시하지 못하고 있다.

셋째, 현대사회의 가족여가는 건강한 가치관과 목표를 가지고 있지 못하다. 현대사회에서 가족이 추구하는 가치와 목표는 어떤 것일까? 우리가 흔히 잘 나가는 가족이라고 할 때, 그 기준은 부모의 경제적 수입이 높거나 자녀가 일류 대학에 진학하거나 좋은 직장을 얻은 것이다. 이런 가치관 속에서 잘 산다는 것의 의미는 물질적이고 외적인 것이 기준이다. 그런 기준에 의하면, 가족이 추구하는 가치와 목표는 가족 내부의 화합이나 구성원의 인격적인 성숙이 아니라, 외적이고 물질적인 성취에 초점이 맞추어진다. 부모의 승진, 자녀의 일류 대학 진학이나 취업이 가족의 행복을 판단하는 준거가 될 수 있을까?

이런 물질적이고 외적인 것이 가족이 추구해야 할 가치와 목표는 아니다. 현대사회의 잘못된 가치가 이런 물질적이고 외적인 것에 얽매여 있을수록, 가족은 진정한 삶의 가치가 무엇이며 무엇을 추구하는 것이 가치 있는 삶인가에 대한 해답을 제공해 줄 수 있

어야 한다. 궁극적으로 말하자면, 가족이 추구해야 할 가치와 목표
는 가족 구성원 각자가 가지고 있는 아름다운 본성을 실현할 수
있는 장이 되는 것이어야 한다. 그러나 오늘날 가족여가는 정서적
인 공동체의 역할은 수행하지만, 가족 구성원들이 인격적으로 성숙
하고 본연의 인간다운 본성을 실현하고 확장시키는 데 긍정적인
기여를 하지 못하고 있다.

2. 통일체적 세계관과 새로운 가족 여가모델

1) 사회구조변화와 가족의 여가 공동체로서의 기능

사회구조가 변화하면서 가족의 기능은 다양하게 변화하였다. 전
통사회에서 가족은 경제, 교육, 정치, 종교, 문화 등 모든 활동에서
중심적인 기능을 수행하였다. 특히 전통사회에서 가족의 기능은 생
산과 소비의 공동체로서의 역할을 담당하였다. 그리고 사회화를 비
롯한 일차적인 교육기능을 수행하였는데, 부모는 자녀들에게 삶의
본을 제시하는 역할을 담당하였다.[101]

전통사회의 가족관은 전체로서의 가족에 대한 이해를 중심으로
하고 있다. 가족과 가족 구성원의 분리·독립이 허용되지 않는 집
단 중심주의가 지배하고 있었다. 그러므로 가족 구성원은 가족을

---

101) 전통사회의 교육적 기능 속에는 부모가 본이 되어 자녀의 인간 됨을 이루어 가는 수행 공
　　동체로서의 기초적인 역할이 포함되어 있었다고 할 수 있다.

위해서 개인적인 희생을 강요받기도 했으며, 스스로 가족을 위한 희생을 선택하는 것을 마땅하게 받아들였다(이현지, 2004).

이런 사회구조 속에서 가족여가라는 개념은 대두될 수 없었으며, 생산활동과 관련한 마을공동체의 놀이문화가 형성되었을 뿐이다. 이런 가족관에 의하면 가족을 평가하는 기준은 가족이 얼마나 많은 노동력을 가지고 있느냐라는 것이다.

근대화 이후 가족관은 서구적인 개인주의의 영향으로 급속하게 가족 구성원들의 행복과 이익추구에 가치를 부여하였다. 전통사회와 비교하면 가족은 원자적인 존재로 분리된 개인들의 집합체의 성격을 갖게 되었다. 동시에 생산 공동체로서의 기능이 가족으로부터 분리됨으로써 가족은 소비 공동체로서의 기능만을 갖게 되었다.

가족은 더 이상 가족 구성원에게 가족을 위한 희생을 요구하지 않고, 가족 구성원들도 가족을 위한 희생을 감수할 자세를 가지지 않게 되었다. 가족은 구성원들의 욕구를 잘 충족시켜 주면 공동체가 잘 유지되고, 욕구를 잘 충족시켜 주지 못하면 쉽게 와해된다. 특히 소비 공동체로서의 특징이 강하기 때문에 소비활동을 통한 욕구의 충족이 가족 만족도의 중요한 관건이 된다. 가족이 무엇을 소비할 수 있고, 얼마나 소비할 수 있느냐라는 가족의 소비수준이 가족을 평가하는 기준으로 작동한다. 그러므로 가족여가의 내용도 대부분 소비적인 것들로 구성된다. 오늘날 가족이 직면하고 있는 많은 문제들이 이런 가족관에 의해서 초래된다.

미래사회의 가족관은 집단 중심적이고 개인 중심적인 세계관의 한계를 극복하는 통일체적 세계관에 토대를 두어야 한다. 통일체적 세계로서의 가족은 각자가 자신의 개성을 가진 자유로운 존재이지만 동시에 개별적으로 분리되어 있는 것이 아니라 모두가 하나라고 느낀다. 새로운 가족은 서로의 주체성을 존중하는 가운데 깊은 사랑으로 융합되어 있으며, 가족관계를 통해서 각자의 인격이 성숙해 가는 수행 공동체이다.

통일체적 세계관이 지배하는 사회에서 가족은 수행 공동체로서의 역할이 요구된다. 전체주의와 개인주의 가족관을 극복하는 통일체적 가족관을 통해서 가족은 새로운 기능을 담당하게 된다. 여기서 가족은 수행 공동체로서의 기능을 통해서 가족 구성원들이 수행과 낙도를 경험할 수 있는 장을 제공해 줄 수 있는가가 중요한 의미를 가진다.

이런 가족관의 변화는 인류문명을 지배하는 세계관의 변화와 직접적인 관계가 있다. 전통사회와 근대사회를 경험하면서, 집단 중심주의와 개인 중심주의가 각각 우리사회의 가족관을 지배하였다. 그러나 집단 중심주의와 개인 중심주의의 가족관은 오늘날 부딪쳐 있는 많은 문제들을 해결하기보다는 가족관의 문제로 인하여 가족이 새로운 문제에 직면하게 되는 결과를 가져왔다. 따라서 현대사회의 인류문명이 직면한 문제를 해결하기 위해서는 세계관의 전환이 요구되는 것과 마찬가지로 현대사회의 가족문제를 해결하기 위해서는 시대적 요구에 맞는 새로운 가족관을 정립해야 할 필요가 있다.

새로운 가족관은 통일체적인 세계관을 바탕으로 한다. 그리고 가족의 기능은 수행 공동체적 성격이 핵심이 된다. 이런 가족관에 의하면 부모와 자녀는 승가사회의 스승과 제자의 관계와 흡사하며, 자녀 간에는 도반과 같은 관계가 모델이 될 것이다. 가족이 함께 수행하고 도를 즐기는 새로운 삶을 경험하는 것이 가족의 목표가 된다.

2) 수행 공동체로서의 가족 여가모델

가족이 수행 공동체로서 여가 활동을 한다고 하였을 때, 수행 공동체로서의 가족의 특징과 가족여가의 모델은 어떤 것일까?

첫째, 수행 공동체로서의 가족관의 세계관적 기초는 통일체적인 세계관이다. 통일체적 세계관의 관점에서 가족을 바라보면, 가족 구성원 각자는 가족의 부분임과 동시에 전체 가족을 포함하고 있다(홍승표, 2002: 19). 그러므로 가족 구성원의 각자의 발전은 가족의 발전을 의미한다. 가족 구성원 개인과 가족이라는 집단은 분리해서 존재하지 않기 때문이다.

지금까지 가족관은 개인 중심주의 혹은 집단 중심주의적인 관점을 바탕으로 하고 있었다. 이 두 관점은 가족에 대해서 상반된 주장을 하고 있지만, 모두 이원적 세계관에 토대를 두고 있다. 따라서 가족과 분리된 존재로서의 개인 혹은 개인이 미분화된 가족 전체 중 한쪽을 강조하게 된다. 그러므로 개인 중심주의의 관점에서는 가족이라는 공동체가 위기에 빠지기 쉽고, 집단 중심주의의 관점에서는 개인의 희생이 강요된다.

이런 두 가지 문제를 동시에 극복할 수 있는 것이 통일체적 세계관에 바탕한 새로운 가족관이다. 새로운 가족관에서 가족은 수행 공동체로서의 특성을 갖게 된다. 수행 공동체로서의 가족은 구성원 간의 차이에 바탕을 둔 조화를 추구하고, 가족과 분리되지 않는 존재로서의 개인을 전제로 한다.

둘째, 수행 공동체로서의 가족에서 가장 중요한 가치와 목표는 가족 구성원들 모두에게 내재해 있는 '참된 자기'를 인식하는 것이다. 맹자는 "그 마음을 다하는 자는 그 성을 아니, 그 성을 알면 하늘을 알게 된다"[102]고 했다. 수행 공동체로서 가족의 가치와 목표는 이런 인간의 본성을 밝히는 것이다. 동아시아 사상에서는 끊임없는 수행의 과정을 통해서 인간이 가지고 있는 '참된 자기'를 깨닫고 실현하는 것에 큰 가치를 부여하고 있다(홍승표, 2002: 45).

가족이 여가를 어떻게 사용할 것인가는 가족이 추구하는 가치와 목표에 의해 결정된다. 예를 들어서, 가족을 개인의 욕망충족을 위한 집합체로 전제한다면 가족이 추구하는 가치와 목표는 구성원들 개인의 욕망이 얼마나 충족되는가에 초점을 맞추게 될 것이다. 그러나 가족이 가치와 목표를 가족 구성원들의 인한 본성을 실현하는 것에 초점을 둔다면, 가족은 수행 공동체의 성격을 갖게 될 것이다.

셋째, 수행 공동체로서의 가족에서 가족관계는 어떤 성격을 갖게 되는가? 부부관계와 형제관계는 도반으로서의 특징을 가지게 되고, 부모와 자녀의 관계는 스승과 제자의 성격을 띠게 된다. 가족이 수행 공동체의 역할을 하게 되면, 부부관계와 형제관계는 수행과 낙도라는 동일한 목표를 추구하는 과정에서 도반의 관계를 형성하게 된다. 따라서 기존의 부부관계를 지탱해 주던 사랑과 형제간의 형제애를 토대로 서로의 인간적인 성숙과 발전을 위해서 끊임없는 관심과 도움을 제공해주는 관계가 형성된다.

부모와 자녀의 관계에서 부모는 자녀들에게 수행의 선험자로서 스승의 역할을 담당하게 된다. 자녀들에게 부모들은 수행의 본을 제공해 준다. 부모들의 수행에서의 성과는 자녀들에게 좋은 지침이

---

102) 『孟子』, 「盡心章句上」, "盡其心者知其性也知其性則知天矣."

될 수 있다. 그러므로 기존의 가족을 지배하던 친애와 효의 가치관을 바탕으로 하는 건강한 부모와 자녀의 관계를 형성하게 될 것이다.

넷째, 수행 공동체로서의 가족이 경험하는 일상생활은 수행으로 구성된다. 가족의 일상생활과 수행이 분리되지 않고 동시에 실현됨으로써 수행 공동체를 추구하는 가족은 일상 속에서 수행을 실천한다.

다섯째, 수행 공동체에서 추구하는 기쁨과 즐거움은 쾌락적이고 감각적인 것이 아닌 낙도(樂道)이다. 수행 공동체에서의 기쁨과 즐거움의 근거는 구성원들의 낙도에 초점이 맞추어진다. 그러므로 수행 공동체에서의 관심의 방향은 물질적인 것, 외적인 것이 아니라 내면적이고 존재의 차원에 대한 것이다.

3) 가족의 수행 공동체로서의 실현 가능성

가족은 수행 공동체로 변화 가능성이 있는가? 가족여가의 가장 바람직한 모델이 수행이라고 하더라도 가족이라는 조직이 수행 공동체가 될 수 없다면, 본 연구의 주장은 공허한 것이 될 것이다. 그러므로 가족의 수행 공동체로의 변화 가능성에 대한 면밀한 연구가 수반되어야 한다. 가족은 다음과 같은 특성에 의해서 수행 공동체로서 발전할 수 있는 가능성이 다른 집단보다 크다.

첫째, 가족은 구성원의 연령대가 다양하므로 삶을 통한 선험적 지식의 공유가 가능하다. 오늘날 가족은 다양한 형태를 드러내고 있다. 이런 다양한 가족형태에도 불구하고 가족의 중심적인 관계는 부모와 자녀의 관계이다. 부모세대와 자녀세대는 일반적으로 20년 정도의 연령 차이를 가지고 있다. 이런 연령의 차이는 부모세대가 자녀세대의 삶의 본을 제공해 주고, 자녀는 부모세대를 모델로 하기에 용이한 구조를 가지고 있다. 이런 구조는 수행 공동체를 형성하고 실현해 나가는 데 현실적으로 유리하다.

둘째, 가족은 일상생활을 공유하는 생활 공동체이므로 지속적인 수행을 점검해 줄 수 있는 유리한 측면이 있다. 가족은 대부분 일상생활을 공유하므로 가족이 지향하는 가치관에 따라서 가족 구성원들의 삶은 매우 다른 양상이 나타난다. 그러므로 가족이 수행을 목표로 한다면, 가족의 일상생활은 수행을 추구할 수 있는 삶의 방식을 택하게 될 것이다.

가족이 일상생활을 공유하는 집단이라는 조건은 수행 공동체로서의 특징을 발전시키는 데 유리한 측면으로 작용할 것이다. 수행에 있어서 가장 중요한 것은 일상성이라고 할 수 있다. 수행의 어느 수준에 도달하기까지 매 순간에 깨어 있는 항상성이 절대적으로 필요하다. 그러므로 가족이 공유하는 일상생활 속에서 수행을 시도하는 것은 식습관을 통해서 체질을 형성하는 것과 같은 효과를 가질 수 있을 것이다.

셋째, 가족은 불평등의 기제는 약하면서 연대감은 강한 특징이 있는 조직이다. 가족 구성원 사이에서도 부모와 자녀 혹은 부부관계를 통해서 어느 정도의 권력관계는 존재한다. 그러나 가족 내의 권력관계는 점점 약화되고 있으며, 오늘날 다른 집단과 비교할 때 가족은 불평등의 요소가 가장 약하게 작용하는 집단이라고 할 수 있다. 그러나 반면 가족은 구성원 사이의 연대감이 다른 어떤 조직보다 강한 집단이다. 그러므로 수행을 실천하는 과정에서 이런 가족의 특징은 긍정적으로 작용할 것이다. 수행은 개인적인 경험으로 해석하기 쉽지만, 실제로 수행의 과정에는 도반의 역할이 중요한 의미를 가지기 때문이다.

넷째, 가족은 자본주의체제 속에서도 공산주의의 원리가 지배하는 조직이다. 그러므로 경쟁과 대립이 지배적인 조직과 달리 가족은 서로에 대한 애정을 바탕으로 하고 있는 집단이다. 그러므로 구성원 각자의 인격적인 수양과 발전에 관심을 가지고 있다. 현대사회의 대부분의 조직은 조직 구성원들의 인격적인 성숙을 추구하는 데 무관심한 경향이 있다. 심지어 교육의 영역에서도 인격적인 성숙보다는 좋은 성적이나 취업 등의 성과를 우선적인 목표로 삼고 있다. 이러한 현대사회 집단의 특징과 비교할 때, 가족은 구성원들의 인격적 성숙과 발전에 가장 많은 관심을 기울일 수 있는 조직이다. 따라서 수행 공동체로서의 역할을 적극 수행할 수 있을 것이다.

3. 탈현대적 가족 여가모델로서의 수행 공동체

현대사회에서 가족여가는 중요한 화두로 대두되고 있다. 세대와 성이 다른 사람들로 구성된 가족이 과연 어떻게 가족여가에 대한 공동의 관심사를 이끌어 내고 함께할 수 있을까? 오늘날 대부분의 가족이 경험하는 가족여가는 상품화된 여가문화를 소비하는 행위로 구성된다. 그러나 이런 가족여가를 통해서 가족 구성원들이 얻을 수 있는 것은 일시적인 만족감에 불과하다.

오늘날 가족여가의 만족도는 가족이 공유하는 여가시간에 어떤 여가상품을 소비하고, 얼마나 경험을 확대하고 그 과정에서 구성원들이 기쁨과 즐거움을 느꼈는가를 기준으로 한다. 만약 여가상품을 소비하지 않더라도 가장 중요한 만족도의 기준은 구성원들이 느끼는 기쁨과 즐거움이다. 그리고 그것을 만족도의 준거로 삼는 것에 누구도 의문을 제기하지 않을 것이다.

이런 판단에는 가족여가가 추구하는 가치와 역할을 무엇으로 규정할 것인가에 대한 관점이 내포되어 있다. 즉 현대사회에서 가족여가의 가치와 역할은 특별한 소비를 통해서 구성원들에게 기쁨과 즐거움을 제공해주는 것이라고 할 수 있다. 그러나 이런 가족여가의 가치와 역할이 가족 구성원에게 진정한 만족감을 제공해 줄 수 있을까? 그리고 건강한 가족관계에 대한 해답을 제시해 줄 수 있을까?

최근 가족여가가 가지는 사회적 의미와 시대적 책무를 고려한다면, 위의 질문에 대한 답은 부정적일 수밖에 없다. 가족 구성원에게 특별한 소비를 통한 기쁨과 즐거움을 제공해주는 것이 가족여가의 역할을 다하는 것으로 평가할 수 없기 때문이다. 왜냐하면 가족여가는 단순히 가족이 공유하는 여가시간을 때우는 의미 이상을 가지고 있기 때문이다. 가족여가를 통해서 무엇을 추구하는가에 따라서 개인의 삶의 수준과 행불행이 달라질 것이고 동시에 전체 사회와 문명의 성격도 변모할 것이다.

기쁨과 즐거움을 추구하는 방식에 있어서도 소비활동을 통해서 그것에 도달하고자 하면, 가족여가는 의존적이고 대상화될 가능성이 높으며 가족 구성원들은 여가에 대해서 소극적, 소비·향락적, 과시적인 경향을 갖게 된다. 소비와 즐김을 통한 가족여가는 가족 구성원들이 여가의 주인이 되지 못하고 종(從)이 되게 할 것이다.

그러므로 본 연구에서는 가족여가의 탈소비적, 탈현대적, 미래지향적 모델을 구축하고자 하였다. 이런 시도는 현대사회의 가족여가의 소비적인 지향을 지양하고, 현대 가족을 지배하는 가치관을 극복하는 가족여가의 새로운 대안적 모델을 모색해 보고자 하는 당연하지만 도발적인 시도라고 할 수 있다. 특히 수행으로서의 가족여가 모델을 제시한다는 점에서 급진적이라고 평가할 수도 있다. 그리고 이 연구는 수행을 궁극적인 가족여가의 이상적인 모델로 제시한다는 점에서는 시론적인 성격이 강하다. 이런 위험성을 안고 있지만, 수행에서 가족여가의 답을 찾고자 하는 노력은 가족여가에 대한 논의의 차원을 바꾸는 시도가 될 것이다.

그렇다면, 왜 가족여가의 지향점이 수행인가? 이 질문에 대한 답은 가족의 현시대적 책무가 무엇인가에 대한 답과 연결될 것이다. 현대사회에서 가족은 어떤 역할을 담당해야 하는 것일까? 사회구조의 변화에 따라서 가족의 역할은 급변하여 왔다. 생산과 소비의 공동체로서 역할을 담당하는 전근대사회와 달리 근대사회에서 가족은 일터의 분리를 경험하면서 소비 공동체의 역할을 주로 담당하였다. 그러나 노동시간이 급속히 감소하고 사회분화로 인한 개인의 파편화는 심각한 사회구조의 변화를 야기하고 있다.

이런 사회구조의 변동은 가족에게 새로운 역할을 요구한다. 가족은 더 이상 소비 공동체로서의 역할에 머무를 수 없다. 왜냐하면 소비를 통한 가족여가는 구성원들에게 진정한 행복을 경험할수 있는 만족과 기쁨의 기회를 제공하지 못하기 때문이다. 그러므로 가족여가는 가족 구성원들의 내면적인 성장과 발전을 가능하게해주는 수행을 추구해야 한다. 가족여가에서 수행을 추구하게 되면, 탈소비적인 가족여가를 경험할 수 있다. 그리고 가족여가가 심화될수록 가족 구성원들은 가족관계를 통해서 근본적인 행복감에도달할 수 있을 것이다.

수행으로서의 가족여가는 가능할 것인가? 여타 사회집단과의 차별성으로 인하여 가족이 수행 공동체로 변화할 수 있는 가능성은크다고 할 수 있다. 물론 종교적 혹은 삶의 방식으로 수행을 지향하는 특수집단들과는 차이가 있지만, 이 점 또한 부정적이지만은않다고 생각한다. 왜냐하면 우리의 지향이 수행을 통한 탈사회적, 탈일상적인 삶은 아니기 때문이다.

다시 말해서 일상생활에서의 삶의 차원을 변화시키고 개인의 아름다운 본성을 실현하면서 살아가기 위해서는 가족이 가지고 있는특징이 유리하게 작동할 것이다. 가족은 세대구성이 다양하므로 동료집단과는 달리 수행에서 선험자의 본을 제공해 줄 수 있다. 그리고 가족은 일상생활을 공유하므로 가족여가가 수행이라는 지향을 가지게 되면, 가족은 늘 수행에 깨어 있는 삶을 추구할 수 있다. 또 가족은 다른 집단보다 연대감이 강한 조직이므로 어떤 수행 공동체보다 애정 깊은 도반을 가질 수 있다. 마지막으로 가족은 현대사회의 대부분의 조직이 가지고 있는 대립과 경쟁, 갈등의구조가 약한 조직이다. 그러므로 가족 구성원들의 인격적 수양과 발전에 지속적이고 지대한 관심을 가질 수 있는 유일한 조직이다.

현대사회에서 가족여가의 의미는 단순히 가족이 공유하는 여가시간을 소비하는 것 이상의 의미를 가지고 있다. 왜냐하면 가족이 어떤 가족여가를 추구하는가에 따라서 구성원들의 삶의 방식이 달라질 것이며, 시대를 지배하는 개인의 삶의 가치와 가족관을 변화시키기 때문이다. 이와 같은 가족여가의 시대적 책무를 달성하기 위해서 가족 구성원들이 내면으로 향한 관심과 성숙을 위한 기회를 가질 수 있어야 한다. 그 기회는 수행을 추구하는 가족여가를 통해서 가능할 것이다.

제4부

동양사상과 탈현대의 삶

제1장

동양사상과 인문생태

　인류가 직면하고 있는 생태문제의 현실을 살펴보면, 자연생태에서 발생하는 다양한 문제들은 가시화되었고, 그 심각성이 삶에 직접적으로 영향을 미치고 있기 때문에 문제의식이 쉽게 형성된다. 이런 논의는 환경문제와 윤리학의 관계로 확대되는 경향이 있다. 하지만 문화생태와 사회생태에서 발생하는 생태 파괴적인 양상은 그 심각성이 인간의 삶에 미치는 영향은 자연생태의 문제 못지않음에도 불구하고, 가시적으로 드러나지 않기 때문에 우리는 문제의 심각성을 쉽게 인식하지 못하고 있다.

　사회생태 영역에서 보면, 사람과 사람·집단과 집단·국가와 국가 간의 상호 반목과 적대적 대립이 위험 수위를 넘어서 있다. 그리고 문화생태의 영역에서 보면, 지구촌 시대를 맞아서 이질적인 문화 간의 접촉과 공존의 폭이 급속히 확대되고 있으며, 문화 간 충돌과 갈등이 심화되고 있다. 인류가 직면하고 있는 시대적 정신은 상호 존중과 다양성에 대한 인정을 요구하고 있음에도 불구하고, 사회생태와 문화생태에서 발생하는 현상들은 분리와 대립에 의한 갈등이 지배적으로 나타나고 있다. 사회생태와 문화생태에서 발생하는 문제해결을 위한 인문학적인 접근은 결여되어 있다.

1. 인문생태 연구영역

생태문제에 대한 연구는 지속 가능한 발전론, 사회생태학, 동물해방론, 심층생태학 등으로 대표된다.[103] 이들은 각기 생태문제의 원인을 다르게 규정하므로, 문제해결의 방법 또한 다르게 제시하고 있다. 지속 가능한 발전론은 생태문제의 원인을 반생태적인 과학기술의 발전으로 보고 있다. 사회생태학은 자본주의체제를 문제의 원인으로 본다. 그리고 심층생태학은 근대적 세계관이 생태문제의 원인이라고 본다.[104]

이 장에서 관심을 가지는 인문생태 연구는 위의 이론 가운데 심층생태학의 문제의식에 가깝다. 1960년대부터 국내외에서 다양한

---

103) 정수복(1996), 『녹색 대안을 찾는 생태학적 상상력』, 문학과 지성사, p.108.

104) 송명규(2003), 「심층생태학과 사회생태의 논쟁에 대한 비판적 고찰」, 『도시행정학보』 제 16집 제3호, p.58.

생태문제에 대한 논의가 진행되었다.[105] 그러나 각 논의들은 인간 중심주의의 관점인가 아닌가라는 경계에서 나누어진다. 지속 가능한 발전론은 인간 중심주의를 벗어나지 못하고 있다. 동물해방론은 탈인간 중심주의를 표방하고 있다. 심층생태학은 이론적인 입장은 인간 중심주의적이지 않지만, 문제해결을 위한 대안을 제시하는 과정에서 인간 중심주의적인 이론이 도입되는 경향이 있다.

지금까지 논의된 생태이론의 주장은 근본적인 원인을 규명하고 문제해결의 대안을 제시하는 과정에서 한계점을 드러내고 있다. 지속 가능한 발전론은 반생태적인 과학기술의 발전을 문제의 원인으로 보고 있지만, 이에 대한 원인 규명을 너무나 피상적으로 하고 있다. 반생태적인 과학기술을 발전시킨 세계관의 문제나 가치관에 대해서는 다루지 않고, 현상적으로 나타난 반생태적인 과학기술에 대한 문제를 제기하는 것은 한계가 있다.

이런 한계점은 사회생태학에서도 유사하게 나타나고 있다. 사회생태학이 문제로 삼고 있는 자본주의는 생태문제의 원인이기는 하지만, 자본주의 이외의 사회체제에서도 생태문제의 심각하게 나타나고 있다. 그런 면에서 우리는 생태문제를 자본주의사회의 문제로만 설명할 수는 없다.[106]

그리고 심층생태학은 근대적 세계관에서 원인을 찾고 있다. 근본적으로 인간과 다른 존재 혹은 생명체라는 적대적인 세계관이 생태문제의 원인이 되었다는 것이다. 이 관점은 여러 가지 측면에

---

105) 방영준(2003), 「사회생태주의의 윤리적 특징에 관한 연구 – 머레이 북친을 중심으로」, 『국민윤리연구』 제53호, p.288.

106) 이남복(1999), 「사회적 관찰과 생태적 위기」, 『사회과학논총』 제19집, p.65.

서 시사점을 제공해 준다. 그러나 세계관의 변화가 현재 직면하고 있는 생태문제를 해결할 수 있는 해답이 될 수 있을까에 대해서는 의문을 제기할 수 있다.

그래서 본 연구는 지금까지의 생태문제에 대한 연구들을 넘어서서 실천적이고 적극적인 대안을 제시할 수 있는 인문생태 연구를 제안하는 바이다. 이 입장은 단순히 생태주의와 심층생태학을 비판하는 머레이 북친(Murray Bookchin)의 입장과도 다르다. 사회생태 연구의 대표적인 학자 북친은 사회생태를 생태 연구의 주요한 분야로 부상시켰다는 점에서 그 공로가 크다. 하지만 그는 여전히 자연생태를 궁극적인 종속변인으로 삼고, 사회생태는 거기에 영향을 미치는 독립변인으로만 다루고 있다(Bookchin, 1997).

이 점은 북친의 사회생태 연구가 가지는 근본적인 한계라고 할 수 있다. 문화생태와 사회생태 또한 종속변인으로 다루어져야 하며, 현대사회가 직면한 문화생태와 사회생태의 실태를 고려하면 이 두 영역을 포괄하는 인문생태 연구의 필요성을 인정할 수 있다. 다음에서는 인문생태 연구의 영역에 대해서 살펴보겠다. 인문생태 연구의 두 가지 주요 영역은 문화생태 연구와 사회생태 연구이다. 각각의 연구 영역에는 어떤 연구가 포함될 수 있는지 보자.

1) 문화생태 연구

문화생태 연구에서는 현대사회에서 문화 간의 충돌 현상을 다룬다. 문화 간 충돌 현상은 다양한 형태로 나타나는데, 그 주요한 양상들을 열거하면 다음과 같다.

첫째, 세대 간 문화갈등이다. 현대사회는 과거 어느 사회보다도 급속한 문화변동을 겪고 있다. 혹자는 오늘날 한국의 50대 사람들은 자신의 인생 속에서 전근대와 근대, 탈현대를 모두 경험한다고 말할 정도로 사회변동의 속도는 빠르다. 이로 인해서, 나이든 세대와 젊은 세대는 이질적인 가치관, 생활태도, 관습 등을 갖게 되었다.

이런 상황은 세대 간의 상호 이해를 어렵게 만드는 원천이 되고 있다. 그러므로 세대 간 원만한 관계의 수립의 어려움을 겪고 있다. 세대 간 문화 격차가 커지는 만큼, 세대 간 문화 갈등도 증가하고 있다. 세대 간 의사소통의 단절은 물론이려니와 세대 간 접촉이 빈번한 사회적 지점에서는 세대 간 적대도 증가하고 있다.

특히 한국사회와 같이 급속하게 노령화가 진행되는 사회에서는 노인과 젊은이 간의 세대 간 문화갈등은 더욱 심각하다. 노인은 젊은이들이 공유하는 사이버세계에 접근하는 것이 매우 어려우며, 젊은이들은 정보영역에서 사회적응이 늦은 노인들을 배려하는 데 인색하다. 문화사회 영역의 주도권을 주로 젊은이들이 지배하게 되고 노인은 자연스럽게 문화사회 영역의 주변인으로 전락한다.

둘째, 서구문화와 비서구 전통문화 간 갈등이다. 지난 20세기 세계 문화변동의 경향을 한마디로 압축한다면, '서구문화의 세계화 과정'이라고 할 만하다. 서구문화는 비서구사회로까지 확산되고 비서구 지역의 전통문화는 급속한 쇠퇴를 경험했다. 이것은 결과적으로 불건전한 세계 문화생태 구조를 산출했다.

문화생태의 건전성이란 이질적인 문화가 서로 조화를 이루면서 공존하는 상태이다. 그러므로 '서구문화의 세계화 과정'의 결과로서의 현대 세계 문화생태 구조는 불건전한 것이다. 이런 문화변동 과정에서 많은 값진 비서구 전통문화들을 소실하였다.

이것은 인류 문화유산의 커다란 상실이다. 뿐만 아니라, 이런 과정을 거치면서 비서구권의 사람들은 서구문화에 대한 뿌리 깊은 열등감을 갖게 되었다. 서구문화에 대한 열등감은 심지어는 신체에 대한 미의식에까지 깊이 침투했다. 결과적으로, 서구문화와 비서구 전통문화는 창조적인 문화교류와 관계 형성이 곤란한 지경에 이르렀다.

셋째, 종교 간의 충돌 역시 심화되고 있다. 과거 인류는 어느 정도 고립적인 상태에서 자신의 문화를 발전시키고 보존할 수 있었다. 하지만 교통과 통신의 발달로 인해서, 많은 사회들이 다종교 상황을 맞게 되었다.

특히, 기독교와 이슬람교 등과 같이 유일신을 섬기는 배타적 신념체계를 갖고 있는 종교들 간의 접촉은 심각한 상호 반목과 갈등을 유발했다. 심한 경우는 새뮤얼 헌팅턴(Samuel P. Huntington, 1997)이 말한 바와 같이 종교 간 충돌은 문명의 충돌로 비화되고 있다.

현대사회가 직면하고 있는 다종교의 상황은 심각한 문화와 문화 간의 충돌로 전락할 가능성이 있다. 그것은 한국 기독교계를 중심으로 나타나는 적극적인 선교활동 등을 예로 들 수 있다. 이런 종교 간의 충돌을 이해하는 중요한 관점은 종교의 다양성에 대한 인정과 다른 종교에 대한 존중이 전제되어야 함에도 불구하고 현실은 그렇지 못하다.

이 밖에도 문화생태 영역에서는 언어 간 충돌, 민족 문화 간 충돌, 아날로그 문화와 디지털 문화 간 충돌 등을 포함해서 다양한 충돌이 일어나고 있다.

2) 사회생태 연구

사회생태 연구에서는 현대사회에서 나타나는 집단 간의 충돌 현상을 다룬다. 집단 간 충돌 현상은 다양한 형태로 나타나는데, 그 주요한 양상들을 살펴보면 다음과 같다.

첫째, 국가와 국가 간 충돌이 심화되고 있다. 근대기에 형성된 서구사회와 비서구사회 간의 관계가 오늘날에 이르기까지 국가 관계의 모형이 되고 있다.[107] 근대기에 접어들면서 서구사회는 비서구사회에 대한 무차별적인 침략을 자행했다. 그들은 땅을 점령하고, 많은 자원과 노동력을 착취했다.

현대 국가들은 자신의 욕망 달성을 위한 극복의 대상으로 상대편 국가를 인식한다. 국가 간의 우정이나 신의 같은 것은 끼일 여지가 없다. 이런 바탕 위에서 창조적인 국가 관계의 수립은 불가능하다. 9·11 테러는 현대 세계에서 국가 간 관계 파탄을 극명하게 보여주는 사례이다.

자국의 이익을 위해서 역사를 조작하기도 하고, 다양한 연합체를 결성하여 상대 국가를 압박하기도 한다. 힘이 없으면 지배를 받아야 하고, 힘이 있는 국가가 세계를 재패하는 것이 당연한 논리처럼 받아들여진다. 모든 국가들의 목표는 부강하고 힘센 나라이다. 그 과정에서 국가 간에 지켜야 할 관계의 도리나 공존하기 위한 목표는 차후의 문제로 밀려난다.

둘째, 계층 간 충돌도 심화되고 있다. 자동화를 중심으로 하는 신

---

107) 국가 간 충돌에 대한 아래의 서술은 홍승표(2002)의 『깨달음의 사회학』, 예문서원, pp.135
  -136을 참조하였음.

기술 혁명은 생산영역에서 인간 노동에 대한 수요의 급진적인 감소를 초래하고 있다.[108] 이에 따라서, 자동기술을 이용한 생산량의 증대가 일어나고 있지만 시장에서 노동력이 갖는 가치는 급진적으로 감소하고 있다.

달리 말하자면, 자본가의 이윤은 증가하지만 노동자의 수입은 감소하는 구조가 발생했다. 불평등구조가 전반적으로 악화되고 있는 것이다. 이로 인해서, 가난한 계층과 부유한 계층 간에는 상호 적대의 정도가 증가하고 있다. 이런 계층 간 충돌의 문제는 국가 내적으로뿐만 아니라 국가 간에도 똑같은 형태로 일어나고 있다.

선진국의 경우, 국가 내적으로 계층 간의 빈부격차가 줄어들고 갈등이 감소한다. 그러나 선진국의 3D업종에는 개발도상국가의 가난한 노동자가 취업하게 된다. 그것도 선진국 노동자의 절반 정도의 임금으로 노동하게 된다. 만약 제도적인 보호를 받을 수 없는 불법체류자의 신분으로 전락하게 된다면 그들의 노동환경은 더욱 열악해진다.

셋째, 농촌지역 생태질서의 붕괴도 심각하다. 산업화는 급속한 도시화를 낳았고, 도시화는 농촌마을의 공동화를 초래했다. 특히, 급속한 도시화를 경험한 한국과 같은 국가들의 경우에는 농촌에는 노인들만이 사는 농촌마을의 해체가 빠른 속도로 진행되고 있다.

뿐만 아니라 지역이기주의가 확산되면서, 농촌과 도시·도시와 도시·지역과 지역 간의 충돌도 늘어나고 있다. 쓰레기처리장 건설 문제나 지역개발 문제 등을 이슈로 이런 충돌은 나날이 확산되고 있다.

---

108) 제레미 리프킨(1996), 『노동의 종말』, 이영호 옮김, 민음사, p.21 참조.

그리고 농촌지역과 도시지역은 사회시설에서도 상당한 차이를 보이고 있어서 지역민들이 누리는 사회문화적 혜택의 격차가 심하다. 이런 사회문화적 혜택의 차이는 도시와 농촌지역의 갈등을 심화시키는 결과를 초래한다. 그러므로 이런 갈등을 극복할 수 있는 생태마을에 대한 연구와 조성을 위한 노력이 필요하다.[109] 그리고 생태마을은 비단 농촌지역만을 대상으로 하는 것이 아니라, 문화 및 사회생태가 실현되는 생태도시를 포함하기도 한다.[110]

이 밖에도 남성 집단과 여성 집단 간의 차별이나 갈등의 문제, 이주여성이나 외국인 노동자에 대한 차별의 문제, 직업 집단 간 갈등의 문제 등 집단 간 갈등이 확산되고 있다.

2. 인문생태 문제의 원인

문화생태, 사회생태, 자연생태를 가리지 않고 현대사회에서는 생태적인 혼란과 붕괴가 가속화되고 있다. 그리고 근본적인 측면에서 보았을 때, 이런 여러 영역에서의 생태적인 혼란과 붕괴에는 공통된 요인이 있다. 그것은 넓게 보면 근대적 세계관이고, 보다 특정화시켜서 말하면 적대적 대립관에 의한 것이다.

생태적인 혼란과 붕괴에 접근하는 여러 가지 관점이 있다. 그중

---

109) 이재준(2001), 「대안주거지로서의 생태마을·생태공동체」, 『도시와 빈곤』 통권 51호, pp.31 – 32와 변병설(2005), 「지속가능한 생태도시계획」, 『지리학연구』, 제39권 4호, pp.493 – 494를 참조하기 바람.
110) 생태도시에 대한 개념적 이해는 김영수(2005), 「생태적 도시를 위한 신도시개발과 재개발」, 『지역사회발전학회 논문집』, 제30집 3호, pp.24 – 26을 참조하기 바람.

에서 인문학에 있어서 생태문제에 대한 접근 방법은 바로 위에서 언급한 세계관적인 측면에서의 접근방식이고, 인문적인 인문생태 연구의 방법이란 바로 이것을 뜻한다.

세계관적인 측면에서 볼 때, 현대사회와 현대인의 의식세계를 지배하고 있는 세계관은 근대적 세계관이다. 홍승표는 『노인혁명』에서 근대적 세계관의 특징을 다음과 같이 정리하고 있다.[111] 욕망의 주체로서의 인간관, 지배와 착취의 대상으로서의 자연관, 적대적 대립관 등이 그것이다.

적대적 대립관은 근대적 세계관의 중요한 일부이며, 오늘날 모든 생태 영역에서 혼란과 붕괴를 초래하는 세계관적 요인이다. 적대적 대립관이란 '마주하고 있는 A와 B 간에 이해관계의 상충'을 전제하는 관점을 말한다. 이는 근대적 세계관에서 볼 수 있는 분리되고 고립된 개체로서의 존재인식의 필연적인 귀결이다. 시공적으로 유한한 개체는 자신의 생명의 연장과 욕망 충족을 추구하게 되고, 나의 욕망과 너의 욕망은 충돌하게 된다.

근대적 세계관의 일부인 적대적 대립관을 정립한 사람은 찰스 로버트 다윈(Charles Robert Darwin, 1809 - 1882)이다. 그는 토마스 로버트 맬더스(Thomas Robert Malthus, 1766 - 1834)의 영향을 받아서, 모든 생명체의 번식속도와 전체 먹이양 사이에 존재하는 구조적인 불균형 상태에 주목했다. 그러므로 모두 생명체들은 살아남기 위해서는 다른 생명체들과 투쟁하게 된다는 것을 역설했다.

대립물 간의 관계를 바라보는 다윈이 제창한 관점은 자본주의 체제와 조화를 이루면서 급속히 확산되었다. 이리하여, 많은 현대

---

111) 홍승표(2007), 『노인혁명』, 예문서원, p.34 참조.

인들은 적대적 대립관을 대립물을 바라보는 하나의 관점이 아니라 대립의 객관적인 상태라고까지 생각하게 되었다.

현대의 모든 생태적인 혼란과 붕괴의 세계관적 요인은 바로 적대적 대립관이다. 적대적 대립관의 영향으로 인간은 자연과 서로 이해관계가 상반된다고 인식하게 되었다. 그러므로 인간은 자연과 투쟁하여, 자연을 극복하고 지배해야 한다고 생각했다. 근대기의 급속한 기술발전과 이런 관념이 결합하면서, 수십 억년 동안 균형과 조화를 이루어 왔던 지구생태계는 급속한 붕괴를 경험하게 되었다.

적대적 대립관은 집단과 집단 간의 관계를 바라보는 관점에도 영향을 미쳤다. 19세기와 20세기 전반기에 이르기까지 제국주의는 서구 열강을 지배했다. 백인종의 유색인종에 대한 지배와 착취는 가속화되었다. 자본가와 노동자 간·직업 집단 간·남성과 여성 간·도시와 농촌 간·국가와 국가 간·지역과 지역 간 등 영역을 가리지 않고, 적대적 대립관은 모든 집단관계를 바라보는 주도적인 관점으로 작용했으며, 사회생태는 현저한 붕괴를 맞게 되었다.

문화생태의 영역도 마찬가지이다. 정보통신 혁명의 결과로 문화 간 교류와 접촉이 증대하고, 다문화사회가 일반화되었다. 하지만, 문화 간 관계를 바라보는 관점은 여전히 적대적 대립관이 지배하고 있다. 그 결과 현대사회에는 자신의 언어, 종교, 가치관 등을 다른 문화권에 강요하고자 하는 문화제국주의가 팽배하여 있다. 시대는 문화 간의 평화로운 공존과 조화를 요구하고 있지만, 현상적인 측면에서 보면 문화생태는 심각한 혼란과 붕괴에 직면해 있다.

이와 같이, 적대적 대립관의 영향으로 생태의 각 영역마다 혼란

과 붕괴가 가속화되고 있다. 인문적인 인문생태 연구는 현대 인문
생태 문제의 근원을 세계관적인 측면에서 파악하고자 한다. 물론
세계관적 요인은 생태문제의 유일한 원인은 아니다. 하지만, 사회
과학이나 자연과학에 부여된 생태연구의 영역이 있듯이, 인문적인
관점에서 접근할 때 생태문제의 원인에 대한 접근의 주된 통로는
세계관을 통한 것이라 하겠다.

3. 인문생태 회복을 위한 제언

인문적인 생태문제의 원인에 대한 연구가 세계관적인 측면에 초
점을 맞추는 것이라면, 인문적인 생태 회복 방안에 대한 연구 역
시 세계관에 초점이 맞추어져야 한다. 인문적인 관점에서 볼 때,
현대 생태문제의 해결을 위해서는 대립물을 바라보는 관점의 근본
적인 전환이 요구된다.

적대적 대립관에 대응하는 새로운 대립관은 대대적(對待的) 대립
관이다. 적대적 대립관이 근대적 세계관의 중요한 일부라면, 대대
적 대립관은 통일체적 세계관[112]의 중요한 일부이다. 근대적 세계

---

112) 통일체적 세계관이란 용어는 홍승표가 그의 저서 『깨달음의 사회학』(2002)에서부터 본격
    적으로 사용하기 시작했다. 그 전에 최봉영은 『韓國人의 社會的 性格』(1994)에서 통체 -
    부분자적 세계관이란 용어를 사용했다. 통체 - 부분자적 세계관은 통일체적 세계관과 상당
    한 공통분모를 갖고 있다. 하지만 통체 - 부분자적 세계관의 경우, 역사적인 사회(특히 조
    선사회)에서 유교문화에 내재한 세계관을 포착하기 위해 개념화된 것으로, 전근대적인 요
    소를 또한 내포하고 있다는 점에서 통일체적 세계관과 구분된다. 통일체적 세계관이란 용
    어의 의미와 생성과정에 대해서는 홍승표의 『노인혁명』(2007), p.81 하단 각주 43을 참
    조하기 바란다.

관이 우주만물의 근원적인 분리를 원리로 해서 모든 사물을 이해하고자 한다면, 통일체적 세계관은 시간과 공간을 넘어서 우주만물의 근원적인 통일성을 원리로 해서 모든 사물을 이해하고자 한다.

통일체적 세계관은 통일체적 세계상, 통일체적 인간관, 통일체적 관계관으로 분류할 수 있다. 통일체적 세계상은 다시 우주만물의 통일성, 개체의 독자성, 도의 편재성, 일체만물의 평등사상 등으로 나타난다. 통일체적 인간관은 우주적인 존재로서의 인간관과 깨달을 수 있는 존재로서의 인간관으로 분류할 수 있다. 통일체적 관계관은 바로 여기에서 설명하고자 하는 대대적 관계관이다.

대대적 대립관이란 대립물을 바라보는 어떤 관점을 지칭하는 것인가? 음양론에서 우리는 대대적 대립관의 전형을 살펴볼 수 있다. 음양론에서 음양 간의 대립을 바라보는 관점은 다음과 같이 정리할 수 있다.[113]

첫째, 음양은 상대편이 존재하지 않으면 자신의 존재 자체가 성립될 수 없는 관계이다. 음이 없는 양은 존재할 수 없으며, 양이 없는 음 역시 성립이 불가능하다. 둘째, 음양론은 음양 각 개체의 특수성을 인정한다. 음은 음으로서의 성질과 특징을 가지고, 양은 양으로서의 성질과 특징을 가진다. 셋째, 음양은 절대적으로 평등하다. 만물의 생성을 위해서는 음양 가운데 어느 한쪽이 더 중요한 의미를 가지는 것이 아니라 각각의 범주가 모두 나름대로의 의미를 가져야 하는 것이다. 따라서 자연스럽게 각각의 범주는 존중되어야 한다. 넷째, 음양은 상반성과 동시성의 특징을 모두 갖고

---

113) 음양 간의 관계에 대한 설명은 이현지(2001), 「음양론의 여성학적 함의」, 『동양사회사상』, 4집, pp.270－272와 이현지(2006), 「음양, 남녀 그리고 탈현대」, 『동양사회사상』, 13집, pp.101－106을 참조하였음.

있다. 음과 양은 상반된 것이나 이미 음 속에는 양이 양 속에는 음이 내포되어 있다. 다섯째, 음양은 상호 전화한다. 음이 극에 이르면 양으로 전화하고, 양이 극에 이르면 음으로 전화한다. 여섯째, 음양의 정상적인 상태는 상호 교감과 조화의 상태이다. 음양이 교감하지 않는 것은 바로 관계의 비정상성을 뜻한다. 음양은 교감과 감응을 통해서 이상적인 관계인 조화에 도달할 수 있다.

이렇듯, 음양론에서 그 전형을 볼 수 있는 대대적 대립관은 현대의 생태문제에 대한 인식과 대안적인 관점 마련에 큰 기여를 할 수 있다. 대대적 대립관의 관점에서 보면, 현대의 생태적인 상황의 문제점을 명확하게 인식할 수 있다. 이해관계의 대립에 대한 인식과 그에 따른 상호 갈등과 같은 현상은 적대적 대립관의 관점에서 본다면 문제될 것이 없다. 그것은 정상적인 현상이다. 하지만 그런 생태적인 상황 속을 살아가는 사람들은 많은 고통과 불행을 겪는다.

대대적 대립관의 관점에서 보면, 서로 분열해서 적대적으로 상호 반목하는 현대의 인문생태적인 상황은 지극히 비정상적인 것이며 문제로 인식된다. 의학에서와 마찬가지로 인문생태에 대한 연구에 있어서도, 문제인식은 치유를 위한 출발점이다. 이런 점에서 대대적 대립관은 현대 인문생태 문제에 대한 대안 마련에 기여할 수 있다.

보다 적극적인 측면에서 보면, 대대적 대립관은 현대 인문생태 문제에 대한 대안 마련에 직접적으로 기여할 수 있다. 대대적 대립관은 대립물 간의 정상적인 상태에 대한 가정과 이상적인 상태에 대한 가정 등에 있어서 적대적 대립관과 상이한 관점을 제시한다. 대대적 대립관은 적대적 대립관과 상이할 뿐만 아니라 현대 인문생태의 근본적인 문제인 분열과 갈등의 문제에 이념적인 해결

방안을 제시할 수 있다.

대대적 대립관의 관점에서 본다면, 모든 대립물은 상대편의 존재를 전제로 해서 성립하며, 상대편을 이미 자신 안에 품고 있다. 또한 자신은 우주 전체를 품고 있는 위대한 존재이다. 그러므로 자신을 존중해야 하며, 또한 자신과 다른 상대편의 특징을 존중해야 한다.

자신과 상대편에 대한 근본적인 존중이란 대립물 간의 조화를 이루어 나가기 위한 중요한 전제이며, 현대가 결여하고 있는 중요한 요소이다.[114] 자신과 상대편을 근본적으로 존중할 때, 우리는 상대편을 지배・착취・이용하려는 등의 무례한 행위를 하지 않는다. 자신과 상대편을 근본적으로 존중할 때, 자신과 상대편 간의 건강하고 창조적인 관계 형성의 기반이 마련된다. 이리하여, 지구상의 모든 대립물들은 상호 존중하는 가운데 사랑과 조화의 새로운 인문생태를 구현할 수 있게 된다.

인문적인 인문생태 연구에 대한 위의 제안은 다음과 같은 중요한 함의를 내포하고 있다.

첫째, 현재까지 생태적인 측면에서 연구가 이루어지지 않았던 인문생태에 대한 연구관심을 환기시킬 수 있다. 자연생태와 인문생태를 나누었을 때, 문제의 심각성은 자연생태가 더 할 수 있다. 하지만, 인문생태적인 영역에서 발생하는 문제들도 인류의 평화와 행복을 위협하는 중대한 문제의 하나임에 틀림없다.

문제의 중대성에 비추어 본다면, 기존의 생태 연구들은 너무 일

---

114) 홍승표(2005), 「유교와 사회학의 새로운 지평」, 『동양사상과 탈현대』, pp.146 - 147을 참조하기 바람.

방적으로 자연생태 문제에만 치중되어 있다. 본 연구는 인문생태에 대한 연구의 필요성과 중대성을 환기시킬 수 있다는 점에서 의미를 갖는다.

둘째, 인문생태의 영역에서 보면, 상호 반목과 갈등이라고 하는 현대적인 생태문제에 직면해서, 여전히 적대적 대립관을 청산하지 못하고 있다. 신자유주의 사조를 중심으로 경쟁과 갈등을 통해서 발전이 이루어질 수 있다는 사유방식이 여전히 힘을 갖고 있다.

바로 이런 이유 때문에, 현대 인문생태 문제가 왜 이렇게 큰 혼란과 붕괴에 직면하여 있는가에 대한 원인 규명이 제대로 이루어지지 않고 있다. 인문생태에 대한 인문적인 접근은 바로 그것에 의거해서 발전을 이루려고 하는 적대적 대립관 자체가 인문생태 문제의 근본적인 원인임을 명백하게 인식시켜 줄 수 있다.

셋째, 근대적 세계관과 그 중요한 일부인 적대적 대립관이 현재까지도 강력한 지배력을 갖고 있음으로 말미암아, 인류는 인문생태 문제로 큰 고통과 불행을 겪고 있지만 고통을 벗어날 수 있는 출구를 찾지 못하고 있다.

통일체적 세계관과 그 중요한 일부인 대대적 대립관은 바로 이런 맥락에서 현대 인문생태의 새로운 활로를 열어 줄 수 있다. 자신과 상대편을 근본적으로 존중하는 가운데, 서로 사랑과 조화로 어울리는 새로운 인문생태 사상은 중요한 함의를 갖고 있다. 문화와 문화 간, 집단과 집단 간의 교류와 접촉이 급속히 증대하는 지구촌 시대를 맞아서, 인류는 서로 평화롭게 공존하고 조화를 이룰 수 있는 방법을 간절히 필요로 하고 있다. 대대적 대립관은 바로 이런 맥락에서, 인류의 새로운 삶과 문명 형성에 기여할 수 있다.

제2장

대대적 대립관과 사회생태

　자연생태, 문화생태, 사회생태 등 모든 생태의 영역에서 혼란과 붕괴가 심각하게 발생하고 있다. 많은 생명체의 멸종, 환경오염, 사막화, 지구온난화 등 자연생태의 붕괴는 현저하며, 많은 사람들이 그 위험을 인식하고 있다. 이에 반해서, 사회생태와 문화생태의 영역에 있어서의 생태적 혼란에 대해서는 그 문제의 심각성에 비해서, 문제에 대한 인식조차 충분치 않은 것이 현실이다.

　문화생태의 영역을 보면, 사회변동의 속도가 빨라지면서, 시간을 축으로 해서 과거의 문화와 현재의 문화가 혼재하여 갈등을 일으키고 있다. 대표적인 것이 세대 간 문화충돌이다. 더군다나 물질주의·감각주의 문화 등과 같은 현재의 문화들이 이 시대를 지배함으로써 생태적으로 불건전한 문화구조를 갖게 되었다. 사회생태의 영역에서도 생태적인 혼란이 가속화되고 있다. 국가 간 갈등이 심화되고, 가족 간은 물론 가족 내에서조차 의사소통이 원활하게 이루어지지 않는다. 범세계적으로 도시화가 진전되면서 농촌마을의 해체가 가속화되고 있으며, 집단 간 갈등도 심화되고 있다.

1. 적대적 대립관과 사회생태의 혼란

적대적 대립관이란 모든 대립을 이해관계가 상반되는 대립으로 바라보는 관점이다. 적대적 대립관은 근대적 세계관의 필연적인 결과물이다. 근대적 세계관은 모든 존재 간의 근원적인 분리를 전제한다. 이렇게 되었을 때, 모든 대립물 간에는 이해관계가 상반되게 된다. 근대적 세계관이 적대적 대립관을 산출하는 과정을 가장 잘 보여주는 실례가 찰스 다윈(Charles Darwin)의 진화론이다.

다윈은 모든 생명체의 번식 속도와 먹이의 생산속도 사이의 구조적인 불균형 상태에 주목하였다. 맬더스(Thomas R. Malthus)는 모든 생명체의 번식 속도는 기하급수적임에 반해서, 먹이의 양에는 큰 변화가 없다고 주장하였다. 그러므로 모든 생명체 간에 그리고 생명체 내에는 살아남기 위한 투쟁이 벌어지게 된다. 이런 맬더스의 주장은 현대사회를 이해하고 이론화하는 사회학에서 여전히 지배적인 관점으로 자리 잡고 있다.[115] 나의 이익은 너의 이익과 상반되며, 각자 살아남기 위해서는 상대편을 극복해야 하는 적대적 대립이 보편화되는 것이다.

칼 마르크스(Karl Marx)와 프리드리히 엥겔스(Friedrich Engels)는 『독일 이데올로기』에서 적대적 대립관에 입각한 자연생태계에 대한 관점을 기술하고 있다. 이들은 인간이 언제나 자연세계에서 발생하는 처절한 경쟁을 관찰할 수 있다고 주장한다. 참나무 숲에서 당당한 참나무와 작은 덤불 사이에는 영양분을 누가 더 많이 차지할 것인가를 두고 경쟁을 벌인다는 관점이다. 그들은 작은 덤불이 언제나 강한 참나무에게 자신의 땅과 수분, 공기와 햇빛을 빼앗기고 있다고 본다.[116]

이렇게 되었을 때, 숲 속의 참나무와 작은 덤불 간의 관계에서와 같이 약육강식의 상황이 전개된다. 적대적 대립관에 바탕을 둔 진화론적 세계관은 본래 다윈에 의해 자연생태를 설명하기 위한 패러다임으로 제시되었던 것이지만, 곧이어 사회진화론이라는 형태로 사회를 설명하기 위한 패러다임으로 전환된다. 개체들의 생존을 위한 투쟁이라는 다윈의 관점은 매우 첨예하게 자연 영역에서 사회 영역으로 전이되었다.

이후, 적대적 대립관은 자연생태를 바라보는 유력한 관점이 되었을 뿐만 아니라 사회생태를 바라보는 중요한 관점이 되었다. 이런 관점에서 사회를 바라보게 되면, 개인과 개인·집단과 집단·사회와 사회를 포함해서 모든 사회적인 대립을 이해관계가 상반되

---

115) 윤도현, 「생태에 관한 사회과학적 접근」, 국중광·박설호 엮음, 『생태위기와 독일 생태공동체』(한신대학교 출판부, 2004), p.163.

116) K. Marx and F. Engels, The German Ideology, Karl Marx and Friedrich Engels Collected Works Vol.5, Moscow, U.S.S.R: Progress Publishers, 1984, p.471.

는 적대적 대립으로 인식하게 된다.

이런 적대적 대립관은 심지어 여성과 남성 간의 관계를 바라보는 관점으로까지 침투해 있다. 진화론적 세계관의 영향을 받은 여성학은 남녀관계관을 적대적 대립의 관점에서 이해하고 있다. 여성학의 출발점은 남성과 여성의 대립을 전제로 하고 있으며, 남성과 여성은 언제나 이해관계를 달리하는 지배와 피지배의 적대적 대립을 한다고 인식하고 있다. 그러므로 여성학에서는 남녀관계에서 발생하는 문제를 해결하기 위한 방법으로 갈등과 투쟁의 방법을 제시한다.[117] 근본적인 적대와 대립의 관계에 놓여 있는 남성과 여성에 대한 이해는 현실 속의 남녀가 경험하는 관계의 한 단면에 불과한 것임에도 불구하고, 남녀관계를 바라보는 관점에 의해 그 외의 다른 관계의 상황을 간과하게 되는 것이다.[118]

그리고 바로 이런 현대적인 관점은 현대의 모든 사회생태 문제를 발생시키는 근본적인 요인으로 작용한다. 이런 적대적 대립의 문제는 오늘날 광범위하게 확산되어 있다. 본래 집단적인 이해관계가 상반될 수 있는 경우, 예를 들자면 양의사 집단과 한의사 집단 간의 관계는 물론이거니와 국가와 국가 간의 관계나 도시와 농촌 간의 관계, 심지어는 부부관계를 포함한 친밀한 개인 간의 관계에 이르기까지 적대적 대립의 문제는 심각한 상황에 도달해 있다.

예를 들어 부부관계를 살펴보자. 오늘날 전 지구적인 차원에서 이혼율이 가파르게 증가하고 있다. 미국이나 한국과 같은 경우 그

---

117) 이현지, 「陰陽論의 여성학적 함의」, 『東洋社會思想』 제4집(동양사회사상학회, 2001), p.257.
118) 이현지, 「음양, 남녀 그리고 탈근대」, 『東洋社會思想』 제13집(동양사회사상학회, 2006), p.98.

해 '이혼한 쌍'을 '결혼한 쌍'으로 나누면 그 값이 0.5 정도가 될 정도로 높은 이혼율이 보고되고 있다. 그렇다면, 이혼하지 않은 쌍은 서로 깊이 사랑하며 행복하게 살고 있는가? 그런 부부는 아주 소수에 속한다. 이혼하지 않았더라도 자주 싸우고 서로 미워하는 부부, 남남처럼 무관심하게 지내는 부부, 더 이상 사랑하지는 않는 부부들이 많다. 서로 사랑해서 결혼한 부부들인데 왜 이렇게 살아가고 있는 것일까?

부모와 자식 간의 관계도 마찬가지다. 부모와 자식의 관계는 이 세상에서 가장 가까운 관계의 하나임이 분명하다. 하지만 부모와 자식이 서로 깊이 사랑하며 친밀하게 지내고 있는가? 물론 그런 가정도 있을 것이다. 그러나 부모와 자식이 거의 대화를 나누지 않는 집이 많고, 서로가 무엇에 관심을 갖고 있는지조차 모르는 경우가 허다하다. 심한 경우에는 부모와 자식이 서로 증오하며, 결국 자식이 가출을 하는 집도 늘어나고 있다.

전통적으로 가까운 관계의 하나였던 선생님과 학생의 관계 역시 빠른 속도로 멀어지고 있다. 학생들은 더 이상 선생님을 마음 깊이 존경하지 않으며, 선생님들도 학생들을 마음 깊이 사랑하지 않는다. 서로 복도에서라도 마주치면, 인사조차 하지 않고 피하는 경우도 많다. 만나면 서로 어색해하고 할 말이 없는 경우도 많다.

논의의 차원을 거대 집단으로 옮기면 상황은 더 심각하다. 국가와 국가·민족과 민족·서로 다른 종교집단·서로 다른 인종집단·도시와 농촌·상층 계급과 하층 계급 등 모든 집단 간의 상호 반목과 갈등이 증가하고 있다. 최근 미국과 중동 간의 관계는 현대 사회에서 집단 간 적대의 전형을 보여 준다. 세계적 공리를 주장하는 미국은 힘으로 중동지역을 제압하려고 시도하고, 그 결과 전쟁이라는 치유하기 힘든 갈등의 상황에 직면한다. 그 속에는 서로에 대한 근본적인 몰이해와 증오가 내재해 있다. 미국과 중동 간의 이런 적대적 대립은 두 진영 간의 갈등으로 끝나는 것이 전 인류에게 공포와 갈등이라는 파괴적인 영향을 미친다.

이렇듯 개인과 개인·집단과 집단·사회와 사회 간의 상호 반목과 갈등이 증대하는 근본적인 원인은 무엇일까? 바로 근대적 세계관의 일부인 적대적 대립관 때문이다. 현대인은 상대편과 나는 이해관계가 상반된다고 생각한다. 그래서 상대편과 싸워서 이겨야만 내가 원하는 것을 차지할 수 있고, 행복해질 수 있다고 믿는다.

하지만 부부관계, 부자관계, 사제관계, 국가관계의 예를 통해서 보았듯이 그런 싸움을 통해서 그들이 진정으로 얻는 것은 행복이 아니라 고통과 불행이다. 그들의 마음속에 남는 것은 사랑이 아니라 증오와 깊은 상처이다. 이런 상황을 극복할 수 있는 방법은 무엇일까? 필자는 해답이 이 세상의 대립물을 바라보는 관점의 전환에 있다고 생각한다. 더 분명하게 말하자면, 대대적(對待的) 대립관으로의 관점 전환을 제안하고자 한다. 대대적 대립관은 현대 사회생태의 문제를 근본적으로 치유할 수 있는 새로운 관점을 보여 준다.

2. 대대적 대립관의 사회생태론적 특징

대대적 대립관은 모든 대립을 바라보는 새로운 관점이며, 현대의 사회생태적인 문제를 근원적으로 치유할 수 있는 관점이다. 진화론의 관점에서 잡풀이 무성한 밭을 들여다보면, 풀들은 햇볕을 쬐기 위해서 서로서로 경쟁하고 있는 것처럼 보인다. 그러나 대대적 대립관의 관점에서 그 밭을 보면, 다양한 풀들은 서로서로 상보적인 관계를 형성하고 있는 것으로 보인다. 햇볕을 좋아하는 풀들은 높이 뻗고 큰 잎을 만들어서 음지식물인 다른 풀들이 자랄 수 있는 그늘을 만들어 주는 것이다. 홍승표는 통일체적 세계의 관계관을 보여주는 대대적 대립관에 대한 이해를 위해서 틱낫한(Thich Nhat Hanh)의 '풀과 땅'에 대한 시를 사례로 설명하고 있다.[119]

풀은 자신을 땅에 맡기고, 땅은 풀에게 자신을 맡긴다. 땅이 없이 내(풀)가 있을 수 있겠는가? 나의 존재는 땅에게 의존한다. 나는 땅의 도움을 받아서, 내 생명의 싹을 틔었으며, 자랄 수 있었다. 내가 나이 들어 죽으면, 나는 땅으로 돌아간다. 나는 땅이 된다. 그리고 이듬해 봄 나의 자식인 씨앗을 따뜻하게 품어 주고, 그가 싹을 틔우고 자랄 수 있게 도와준다. 그리고 다시 나의 자식 역시 땅으로 돌아와 나와 하나가 된다.

여기에서 살펴본 '풀과 땅'의 관계가 대대적 대립관의 관점에서 바라본 모든 대립물 간의 관계의 특징이다. 너의 존재를 전제로 해서만 나의 존재가 성립하고, 나와 너는 사랑으로 하나가 되며, 나와 너는 본래 하나이다.

대대적 대립관이 가장 잘 드러나는 사상은 바로 음양론(陰陽論)이다. 음양론은 대립물들 간의 相反應合을 통해서 인간·자연·사회에 일관하는 설명의 틀을 제시하고자 한다. 음양론은 모든 존재

---

119) 홍승표, 「對待的 대립관의 탈현대적 함의」, 『철학논총』 40집(새한철학회, 2002), p.399 참조.

의 상생과 상성의 관계를 전제로 하고 있다.[120] 음양론은 모든 존재 간에 보편적 연관성이 존재함을 가정한다.[121] 이런 주장을 홍승표는 "부분과 부분, 부분과 전체는 긴밀한 연관관계를 형성하고 있으며, 상호 간에 조화로운 작용을 한다고 간주한다. 이러한 가정에 바탕하여, 음양론은 이 세계가 음과 양의 대립물로 구성되어 있다고 파악한다."고 설명하고 있다.[122]

음양론의 관점에서 볼 때, 모든 존재는 대립물의 존재를 전제로 하여 성립되는 상호 의존의 관계에 있다.[123] 음과 양은 서로 의존하고 있을 뿐만 아니라, 대립물을 포함하고 있다. 즉 음 속에는 양이, 양 속에는 음이 내포되어 있다. 그러므로 음양은 全一한 것의 양극이다. 뿐만 아니라 음양은, 양이 극에 달하면 음이 자라나며, 음이 극에 달하면 양이 자라나는 상호 전화의 관계에 있다.[124] 이렇듯 음양론은 음과 양의 相反應合이라고 하는 對待性을 통하여 인간, 자연, 사회에 일관하는 설명의 틀을 제시하고자 한다.[125]

> "음양론에서 보듯이, 對待的 대립관이란 마주하고 있는 대립물들을 네가 있음으로 내가 있을 수 있는 서로를 이루어 주는 관계로 인식하는 관점을 가리킨다. 對待的 대립관의 관점에서 보면, 이 세상에 어떤 존재도 홀로 살아갈 수는 없다. 모든 대립물들은 서로 의존하고 있으며, 근원적으로 하나이다."[126]

---

120) 馮友蘭, 「유물론적 요소를 가진 음양오행가의 세계관」, 김홍경 편역, 『음양오행설의 연구』 (신지서원, 1993), p.306 참조.

121) 같은 책, p.384 참조.

122) 홍승표의 위의 같은 논문 p.398 참조.

123) 이현지, 「탈현대적 성역할 담론 구성을 위한 음양론적 접근」, 『東洋社會思想』 제14집 (동양사회사상학회, 2006), p.53 참조.

124) 楊力, 김충렬 외 옮김, 『周易과 中國醫學』(법인문화사, 1993), p.113 참조.

125) 최영진, 「儒敎의 中庸思想에 관한 考察 -『周易』과 『中庸』을 中心으로」, 인문과학연구소 편저, 『동서사상의 대비적 조명』(성균관대학교 출판부, 1994), pp.58-59 참조.

대대적 관점에서 보았을 때, 정상적인 관계맺음의 방식은 무엇일까? 답은 사랑이다. 사랑이란 무엇인가? 사랑이란 '하나 됨'이다. 근대적 세계관은 모든 존재 간의 근원적인 분리를 전제한다. 그러므로 근대적 세계관의 관점에서 볼 때, 사랑은 근원적으로 불가능한 것이다. 이것이 현대 사회가 사랑의 불모지가 되고 있는 근원적인 요인이다.

이에 반해서, 대대적 대립관의 관점에서 보았을 때, 사랑이란 가장 정상적이며 창조적인 것이다. 대대적 대립관에서 말하는 진정한 사랑이란 어떤 것인가? 모든 진정한 사랑은 다음과 같은 몇 가지 특징을 갖고 있다.[127]

첫째, 진정한 사랑은 자신과 상대편에 대한 깊은 존경심을 바탕으로 한다. 둘째, 진정한 사랑은 상대편에 대한 깊은 이해에 바탕을 두고 있다. 셋째, 진정한 사랑은 상대편의 특성을 존중한다. 넷째, 진정한 사랑은 상대편을 자유롭게 한다. 다섯째, 진정한 사랑은 자신과 상대편 모두에게 기쁨을 준다.

3. 대대적 대립관과 새로운 사회생태의 비전

대대적 대립관은 현재의 사회생태 문제를 극복하고 조화로운 사회생태의 건설을 위해서 어떻게 기여할 수 있는가? 그 답은 대대

---

126) 홍승표의 위의 같은 논문 pp.398 – 399 참조.
127) 진정한 사랑의 특징에 대한 서술은 홍승표의 『노인혁명』(2007) pp.164 – 168을 참조하였음.

적 대립관의 결과인 사랑에서 찾을 수 있다. 진정한 사랑의 다섯 가지 특징에 대한 설명과 대응해서, 이 장에서는 대대적 대립관에 바탕한 새로운 사회생태의 비전을 제시하고자 한다.

첫째, 새로운 사회생태의 기초가 되는 것은 자신과 상대편에 대한 깊은 존경심이다. 근대적 세계관의 영향 아래 있는 현대인들은 근본적으로 자신(나, 우리 가족, 우리 마을, 우리 민족, 우리 국가, 우리 종교)과 상대편(너, 너희 가족, 너희 마을, 너희 민족, 너희 국가, 너희 종교)을 존중하지 않는다.

상대편은 그렇다 치고 왜 나 자신조차 존중하지 않는 것일까? 근대적 세계관의 관점에서 보면, 나는 시간과 공간적으로 세계와 근원적으로 분리된 존재이며, 우연히 생겨난 유한한 생명 덩어리일 따름이다. 그러므로 나를 근본적으로 존중해야 할 아무런 이유도 없다. 근대적 세계관에 투철하였던 장 폴 사르트르(Jean Paul Sartre)는 존재는 이유 없이, 원인 없이, 필연성 없이 존재한다고 주장한다. 우연성에 근거한 인간의 존재는 존중받아야 할 대상이 아니다.[128]

이렇게 자신에 대한 근본적인 존중감을 가질 수 없을 때, 우리가 갖게 되는 것은 우월감이나 열등감이다. 그러나 우월감이건 열등감이건 간에 이 바탕 위에서 건강한 관계를 건설할 수 없다. 이것이 바로 현대 사회에서 사회생태의 혼란과 붕괴의 근본적인 원인이다.

이에 반해서, 대대적 대립관에 바탕하였을 때, 우리는 나 자신과 상대편에 대한 근본적인 존중감을 갖는다. 적대적 대립관이 근대적 세계관의 일부이듯이, 대대적 대립관은 통일체적 세계관의 일부이

---

128) J. P. Sartre, 양원달 옮김, 『存在와 無』(을유문화사, 1968), p.828.

다. 통일체적 세계관에서 바라보았을 때, 莊子가 「齊物論」에서 논한 바와 같은 齊物의 세계가 열린다. 모든 존재는 평등하다. 어떻게 평등하냐 하면 아무리 하찮아 보이는 것 속에도 道가 내재해 있다는 의미에서 평등하다. 일체만물은 지극히 존귀한 것이다.

그러므로 나도 존귀하며, 너도 존귀하다. 이 바탕 위에 서면, 건강하고 창조적인 사회생태의 건설이 가능하다. 오늘날 사회생태의 혼란과 붕괴의 근원을 보면 '나 자신과 상대편을 진정으로 존중하지 않음'이란 문제가 놓여 있다. 부부관계나 부자관계의 혼란과 파탄에도, 국가 간 관계의 혼란과 파탄에도, 그 근원에는 바로 이 문제가 놓여 있다. 미국은 이라크를 존중하지 않으며, 이라크는 미국을 존중하지 않는다. 뿐만 아니라 미국이나 이라크는 자기 자신도 진정한 의미에서 존중하지 않는다. 다만 우월감이나 열등감을 갖고 있을 따름이다.

대대적 대립관에서 연유하는 '나 자신도 존귀하고' '너도 존귀하다'는 바탕을 갖게 된다면, 모든 수준에서의 행위 주체들이 창조적이고 조화로운 방식으로 공존하는 것이 가능하다.

둘째, 새로운 사회생태의 기초가 되는 것은 상대편에 대한 진정한 이해이다. 적대적 대립관의 관점에서 볼 때, 상대편은 나에게 있어서 이용·지배·극복의 대상이다. 현대 사회에서 모든 수준에서 행위의 주체들은 바로 이런 관점에서 상대편을 이해한다.

이것은 상대편에 대한 진정한 이해가 아니다. 이런 방식으로는 상대편이 겪고 있는 기쁨과 슬픔, 상대편이 안고 있는 고통과 상처를 알 수 없다. 이렇게 상대편을 이해하게 되면, 상대편을 자신의 목적에 이용하려 하거나 지배하려 할 뿐, 건강한 관계를 건설할 수는 없다. 필연적으로 사회생태의 혼란과 붕괴가 초래된다.

'너는 누구인가?'에 대한 올바른 대답은 오직 대대적 대립관의 관점에서만 주어질 수 있다. 앞에서 틱낫한의 '풀과 땅'에 대한 시를 언급했었다. 바로 그 시 속에서 나(풀)에 의한 너(땅)에 대한 이해야말로 상대편에 대한 진정한 이해이다. 네가 있음으로 내가 있음을 알게 될 때, 네가 내가 되고 내가 네가 됨을 알게 될 때, 네가 바로 나임을 알게 될 때, 인류는 비로소 건강한 사회생태의 실현을 위한 굳건한 기초를 갖게 된다.

셋째, 새로운 사회생태의 특징은 자신과 다른 상대편의 특징을 존중한다는 점이다. 적대적 대립관의 관점에서 볼 때, 다름은 극복의 대상이 된다. 공산주의와 자본주의라는 서로 다른 이념을 갖고 있는 국가들은 서로 상대편을 극복하려고 한다. 남성과 여성이라는 서로 다른 성을 갖고 있는 집단들은 서로를 지배하려고 한다. 흑인과 백인이라는 서로 다른 인종 집단들은 상대편을 차별한다. 이렇게 되었을 때, 사회생태는 필연적으로 혼란과 붕괴를 빚게 된다.

이에 반해서, 대대적 대립관의 관점에 서면, 다름은 조화의 바탕이 된다. 대대적 대립관은 대립물 간의 和를 이상적인 상태로 여긴다. 그런데 和는 同(같음)의 바탕 위에서는 이루어질 수 없다. 孔子가 '和而不同'을 말한 것도 바로 이와 같은 맥락에서이다. 和는 異(다름)의 바탕 위에서만 이루어질 수 있다.

바로 이와 같은 이유에서, 새로운 사회생태는 자신과 다른 상대편의 특징에 대한 존중을 그 기본 원리로 삼는다. 어떤 다름도 자신과의 동화의 대상으로 여기거나 차별의 원인이 되지 않는다. 이런 바탕 위에서, 서로 다른 개성·집단·지역·민족·국가·종교·인종 간에는 평화로운 공존이 이루어진다.

넷째, 새로운 사회생태의 특징은 서로를 자유롭게 한다는 점이다. 적대적 대립관을 갖게 되면, 상대편을 이용·지배·극복하고자 한다. 필연적으로 상대편의 자유를 용납할 수 없다. 미국은 중동을 자유롭게 놓아두고자 하지 않으며, 남편은 아내를, 부모는 자식을, 종교인들은 다른 종교를 믿는 사람들을 자유롭게 놓아두고자 하지 않는다. 이렇게 되었을 때, 사회생태의 혼란과 붕괴는 가속화된다.

대대적 대립관의 관점을 갖게 되면, 상대편을 자유롭게 한다. 자신이 갖고 있는 의지를 상대편에 관철하고자 하지 않는다. 사디즘(Sadism)이나 마조히즘(Masochism)을 사랑으로 착각하지 않는다. 진정한 사랑은 자유의 상실이 아니라 자유 속에서만 자랄 수 있음을 안다. 상대편을 자유롭게 해주는 가운데, 상대편의 성장과 행복에 도움을 주는 것, 소유하거나 지배하려고 하지 않는 가운데, 하나 됨에 이르는 것, 이것이 바로 대대적 대립관의 바탕 위에서 사랑의 의미이다.

새로운 사회생태는 바로 이런 원리를 기초로 한다. 더 이상 미국은 중동을 소유하거나 지배하려고 하지 않는다. 다만 중동을 자유롭게 하는 가운데 중동인의 행복에 이바지할 수 있는 도움을 제공할 뿐이다. 더 이상 부모는 자식을, 남편은 아내를 지배하거나 구속하지 않는다. 상대편을 자유롭게 하는 가운데, 상대편의 성장과 행복에 기여할 수 있는 도움을 제공할 뿐이다. 이것이 바로 새로운 사회생태의 중요한 특징이다.

다섯째, 새로운 사회생태는 모든 존재에게 기쁨을 준다. 적대적 대립관에 바탕한 현대의 사회생태는 모든 존재에게 고통을 준다.

미국은 이라크에 고통을 주며, 이라크는 미국에게 고통을 준다. 미국도 이라크도 결코 행복하거나 기쁨을 얻지 못한다. 도시는 농촌에 고통을 준다. 남성은 여성에게 고통을 준다. 양의사들은 한의사들에게 한의사들은 양의사들에게 고통을 준다. 부모는 자녀들에게 자녀들은 부모에게 고통을 준다. 아무도 행복하지 않으며, 기쁨을 느끼지 못한다.

이에 반해서, 대대적 대립관에 바탕하고 있는 새로운 사회생태에서는 모든 존재가 기쁨을 느낀다. 미국은 이라크를 진정으로 이해하고 사랑하며, 자신의 사랑으로 인해 기쁨과 행복을 느낀다. 이라크 역시 미국을 진정으로 이해하고 사랑하며, 자신의 사랑으로 인해 기쁨과 행복을 느낀다. 도시는 농촌에 농촌은 도시에, 남성은 여성에게 여성은 남성에게, 양의사들은 한의사들에게 한의사들은 양의사들에게, 부모는 자녀에게 자녀는 부모에게, 기쁨을 주며 스스로 기쁨을 느낀다. 이것이 새로운 사회생태의 한 가지 단면이다.

적대적 대립관에 바탕하고 있는 현재의 사회생태에서 모든 수준의 행위 주체들은 고통과 불행, 부자유와 상처를 안는다. 이에 반해서, 대대적 대립관에 바탕하고 있는 새로운 사회생태에서 모든 수준의 행위 주체들은 기쁨과 행복, 자유와 사랑을 향유한다. 사회생태의 극적인 대전환은 그 출발점이 바로 나와 너의 마주함을 바라보는 관점에 놓여 있다.

제3장

장자 소요유와 탈현대적 웰빙

웰빙(Well-Being)은 현대사회를 이해할 수 있는 현실적이고 구체적인 사회현상 가운데 하나이다. 현대인들이 웰빙에 대해서 가지는 관심과 웰빙의 사회적 영향에 비교하면, 웰빙에 대한 사회학적인 관심이 매우 부족한 현실이다. 웰빙은 일시적으로 나타나는 사회적 현상으로만 치부하기에는 많은 사회학적 함의를 담고 있다. 그러므로 현대사회를 지배하고 있는 웰빙의 실태를 면밀히 분석하고, 웰빙에 대한 사회학적인 고민을 통해서 진정한 '잘 살기'에 대한 해답을 논의할 필요가 있다.

현대사회에는 웰빙 바람이 불고 있다. 웰빙 아파트, 웰빙 식품,

웰빙 다이어트 등 웰빙에 대한 관심이 사람들을 사로잡고 있다. 웰빙 상품이 증가하고 있으며, 웰빙은 새로운 소비의 키워드로 작용하고 있다. 이런 웰빙 현상은 현대적인 삶을 가장 잘 보여주는 삶의 트렌드 가운데 하나이다. 이와 같이 현대사회를 지배하고 있는 웰빙 트렌드가 현대인들의 삶의 질적 변화를 설명해주는 기준이 될 수 있을까? 이런 웰빙에 대한 관심의 확대가 현대인들의 삶에 대한 새로운 지향을 반영하고 있는 것일까?

1. 새로운 삶의 지향으로서 웰빙

웰빙에 대한 관심은 현대사회의 사회구조의 변화를 반영하고 있다. 이 세계에는 현대로부터 탈현대로의 거대한 지각 변동이 일어나고 있다. 변동의 근원은 생산의 자동화이다. 전근대에서 근대로의 이행기에 인간의 근력이 기계력으로 대체되었듯이, 근대에서 탈현대로의 이행기라고 할 수 있는 지금, 인간의 지력이 인공지능으로 급속하게 대체되어 가고 있다. 그 결과, 동일 단위의 상품을 생산하는 데 소요되는 노동의 양은 급속하게 감소하고 있다. 따라서 노동과 생산을 중심으로 하는 삶과 사회관계, 집단생활의 형식이 현저하게 약화되고, 증대한 여가가 그 자리를 차지하고 있다.

사회구조의 변화는 사회 구성원들의 삶의 질에 대한 관심으로 확대되고 있다. 그리고 이런 삶의 질에 대한 관심이 웰빙으로 드러나고 있다. 이와 같은 시대적인 상황 속에서 웰빙에 대한 비판적 검토가 필요하다. 한국사회에서 웰빙 트렌드가 대두되기 시작한 것은 최근의 일이다. 웰빙에 대한 인식 자체가 없었던 현대 한국 사회에서 새로운 삶에 대한 고민이 사회적인 현상으로 대두되고 있다. 이런 웰빙 트렌드가 발생한 사회적인 배경을 살펴보면 다음과 같다.

첫째, 현대문명의 위기적 상황이 웰빙에 대한 관심을 확대시키고 있다. 현대사회는 급속한 기술의 발전을 이루어 왔다. 그 결과 인류의 삶은 물질적으로 풍요로워졌고 편리해졌다. 그러나 환경생태의 측면에서 보면 인류가 직면한 현실은 절대적인 위기의 상황이며, 이 위기 상황에 대한 문제인식이 일어나고 있다.

최근 현대인들은 '새집증후군', '수질오염', '문명의 발전으로 인한 질병', '지구온난화로 인한 재해' 등의 문제와 직면하고 있다. '새집증후군'은 건물시공에 사용되는 방염처리제, 건축자재 마감재, 플라스틱 제품 등에서 발산되는 화학물질이 그 주된 원인이라고 한다. 신축 아파트에 입주한 후에 피부병, 어지럼증, 수면장애 등을 호소하는 사례가 늘어나고 있다. 그리고 현대사회에는 문명의 발전으로 인해서 다양한 문제가 발생하고 있다. 현대문명은 인류에게 물질적인 풍요를 선사해 주었다. 하지만 그 물질적인 풍요가 비만, 당뇨병 등의 다양한 성인병을 야기하고 있다. 또 현대사회에는 지구온난화로 인해서 거대한 자연재해가 빈번하게 발생하고 있다. 2005년 8월 미국 남동해안을 강타한 '카트리나'는 거대한 인명 손실과 경제적 손실을 초래했다. 게다가 과학자들은 앞으로 이런 재앙이 더 자주 닥칠 것이라는 불안한 예고를 하고 있다. 이와 같은 상황 속에서 현대인들은 현대문명에 대한 위기의식을 느끼고 있으며, 이런 위기의식이 웰빙에 대한 관심으로 확대되고 있다.

둘째, 현대사회를 지배하는 경제주의와 물질만능주의의 가치관은 인간소외의 결과를 초래한다. 그러므로 현대인들은 삶의 양적인 발전보다는 삶의 질에 더 많은 관심을 가지게 되며, 이런 관심이 웰빙 열풍으로 나타나고 있다. 왜냐하면 현대사회를 지배하는 가치관에 충실한 삶을 살수록 인간 소외와 비인간화를 경험하게 되기 때문이다. 경제주의와 물질만능주의의 인간관은 인간을 끊임없는 욕망충족을 추구하는 존재로 규정하고 있다. 따라서 이런 가치관의 지배를 받게 되면, 개인은 삶에서 맹목적으로 경제주의와 물질만능주의를 추구하게 된다. 그 결과 개인들은 현대사회를 지배하는 경제주의와 물질주의의 노예로 전락하는 삶을 살아가게 된다. 현대사회에서는 얼마나 많은 연봉을 받는지, 얼마나 고가의 자동차를 소유하고 있는지가 그 사람을 판단하는 중요한 준거로 작용하고 있다.

그렇다면, 경제주의와 물질만능주의가 전제로 하는 인간관은 인간에 대한 정당한 평가일까? 홍승표(2002)는 기존 사회학의 인간관은 "인간의 특성과 본성을 개념적으로 규정하지 않고, 현실에서 관찰되는 인간의 특성을 인간의 본성으로 간주하는 오류를 범하고 있다."고 지적한다. 그리고 인간을 사회구조의 피조물로 간주함으로써 인간의 자기실현이 사회의 구조적 요인에 의해서 결정되는 것으로 본다. 그리고 마르크스와 같은 사회학자는 인간을 노동하는 존재로 규정하고 있다. 이와 같은 기존 사회학에서의 인간에 대한 이해는 인간에 대한 단면적인 이해에 불과하다. 왜냐하면 인간의 도덕적이고 자기 초월적인 측면을 배제하기 때문에 온전한 인간에 대한 이해를 하는데 한계를 가지게 된다.

이런 문제점에 의해서 현대인들은 현대적 삶에 대한 회의를 경험하게 된다. 현대사회를 지배하고 있는 경제논리의 지배를 받는 삶을 더 이상 원하지 않는 것이다. 높은 연봉보다는 삶의 여유를 추구할 수 있는 안정적인 직장을 선호하고 있으며, 일에서의 성공보다는 사랑이나 가족이 더 중요하다는 생각을 가지고 있는 젊은이들이 늘어나고 있다. 그들에게 삶의 질은 아주 중요한 의미를 가진다. 단순히 생존하는 것이 아니라, 잘 사는 것과 인생을 즐기는 것에 대한 관심이 증가하고 있다. 즉 웰빙을 추구하고 있다.

셋째, 현대사회는 빠른 속도로 사회구조의 변화를 경험하고 있다. 이런 급속한 사회구조의 변화에 의해서 사회를 유지하는 축이 생산에서 소비로 이동하고 있다. 산업사회는 생산이 중심이 되는 사회구조였다. 산업사회에서는 얼마나 많은 상품을 생산해 낼 수 있는지가 중요한 의미를 차지하고 있었다. 그러나 현대사회는 생산보다는 소비가 삶의 구조에서 더 중요한 위치를 차지하고 있다. 현대인의 삶에서는 유한한 시간과 물적 자원을 토대로 무엇을 어떻게 소비할 것인가가 중요하다.

한국사회의 주당 근로시간은 1985년 51.90시간에서 1990년 48.20시간으로 급격히 감소한 이후 2003년 45.90시간, 2005년 45.1시간으로 감소하고 있는 추세이다. 최근에는 주 5일 근무제가 공공기관을 중심으로 도입되었고, 초·중등학교까지 점진적으로 확대 시행하고 있는 경향이다.

이와 같은 사회구조의 변화는 생산 중심의 삶의 구조에서 탈피하여, 새로운 삶의 방식과 가치관에 대한 관심을 유발하고 있다. 노동 이외의 여가시간을 어떻게 보낼 것인가에 대한 관심이 새로운 사회문화적인 트렌드를 만들고 있다. 이 또한 '웰빙, 즉 잘 사는 것'에 대한 해답을 찾고자 하는 노력의 하나라고 할 수 있다.

2. 현대사회 웰빙의 문제점

현대사회는 웰빙을 열망하고 있다. 현대적인 삶이 개인에게 주는 긴장과 부담이 극대화되면서 삶의 안녕과 건강, 행복에 대한 열망이 높아지고 있다. 이런 열망이 웰빙에 대한 욕구로 표출되고 있다. 웰빙하기 즉 잘 사는 것에 대한 관심은 몸에 좋은 음식, 자연소재를 사용하는 주거환경, 자연친화적인 삶의 방식 등으로 나타나고 있다. 그러나 이런 경향은 웰빙 상품을 소비하는 것이 마치 잘산다는 것을 말하는 것처럼 인식되기도 한다. 과연 웰빙 상품을 소비하는 것이 잘 사는 것의 답이 될 수 있을까? 여기서 한국사회를 지배하는 웰빙의 실태에 대해서 살펴보자.

한국사회의 웰빙은 다음과 같은 경향을 가지고 있다.

첫째, 한국사회의 웰빙 트렌드는 개인들이 주체적으로 선택한 적극적인 삶의 방식이기보다는 대중매체의 홍보와 기업의 전략적 상업화에 의해서 대중화되고 있다. 이런 현상은 서구사회에서 웰빙 개념이 확산되고 사회적인 의미를 가지게 되는 과정과 비교할 때, 매우 다른 양상을 보이는 것이다.

서구에서 웰빙은 1990년대 이후 사회대안운동의 하나로 등장하기 시작했다. 서구의 웰빙은 삶에 지친 현대인들이 대안을 모색하는 과정에서 삶에 대한 새로운 가치관을 형성하고 실천 운동을 전개하면서 웰빙이 확산되기 시작하였다. 따라서 서구에서의 웰빙은 사회 복지와 연관성을 가지면서 발전했고, 약자들의 복지와 관련한 실천적인 방안을 제기하는 데 많은 관심을 가지고 있다. 그렇기 때문에 웰빙 산업은 제한적인 시장을 확보하고 있을 뿐이다(전영옥·윤종언, 2005: 3).

그런가 하면, 한국사회에서는 대중매체와 기업의 적극적인 개입으로 웰빙 트렌드가 형성되었다. 2000년 한국의 대중매체들은 적극적으로 웰빙 개념을 소개하기 시작했고, 웰빙의 철학적 개념이 삶의 새로운 지향으로 도입되었다. 그리고 웰빙 트렌드의 확산에는 마케팅 전략으로 웰빙을 선택한 기업들의 영향을 간과할 수 없다. 이렇게 한국사회에서는 웰빙을 추구할 주체인 개인들보다는 대중매체나 기업에 의해서 웰빙이 사회적인 조류를 형성하고 있다. 오늘날에도 한국의 대중매체들은 웰빙과 관련한 다양한 프로그램을 방영하고 있으며,[129] 기업들은 기존에 생산하던 상품과는 가격 및 품질에서 차별화한 웰빙 상품[130]을 판매하고 있다(배주영, 2005).

둘째, 한국사회의 웰빙 트렌드는 소비양식의 변화를 야기하였다. 오늘날 소비의 모든 영역이 웰빙이라는 수식어를 전략적으로 이용

---

129) 2005년 11월, 4대 공중파 방송국의 TV편성표를 분석해 보면 프로그램 제목에서부터 웰빙을 주제로 하는 프로그램이 각 방송국마다 몇 편씩 있다. SBS의 '생방송 잘 먹고 잘 사는 법', '건강 스페셜', '웰빙! 맛사냥', KBS의 '생로병사의 비밀', '비타민', '웰빙 건강 테크' 등이 대표적인 프로그램이다. 이와 같은 웰빙과 관련한 전문 프로그램 이외에도 토크쇼에서는 '스타들의 웰빙 생활' 혹은 '웰빙 식품' 등을 소재로 다루고 있으며, 이런 프로그램들에 대한 시청자 반응이 좋은 것으로 나타나고 있다.

130) 2005년 8월 1일자 한국경제신문에 의하면, 올 상반기 TV홈쇼핑에서 히트 상품의 키워드는 '웰빙'과 '디지털'이라고 한다. 특히 요구르트 및 청국장 발효기, 스팀 청소기, 족욕기, 두부 제조기 등 웰빙 상품의 판매가 높았던 것으로 나타났다(한국경제, 2005년 8월 1일자).

하고 있다. '웰빙 아파트', '웰빙 음료수', '웰빙 패션', '웰빙 식단', '웰빙 가전제품', '웰빙 여행', '웰빙 화장품', '웰빙 금융상품' 등 그 종류가 매우 다양하다. 특히 최근에는 '웰빙 행정'을 공약으로 하는 정치인까지 있어서,[131] 웰빙이라는 수식어를 이용하지 않는 영역이 없다고 해도 과언이 아니다.

웰빙 트렌드의 가장 직접적인 영향을 받는 부분은 식품이며,[132] 특히 농산물의 생산과 소비에 그 영향이 크다고 할 수 있다.[133] 농림부는 농산물에 대한 웰빙 욕구의 영향으로 2001년 7월부터 친환경농업육성법에 준거한 '친환경농산물 인증제도'를 운영하고 있다. 친환경농산물의 생산이 꾸준히 증가하고 있으며, 친환경농산물 전문유통업소 및 매출액이 늘어나고 있다.

웰빙은 식생활뿐만 아니라 주생활의 소비패턴에도 영향을 미쳤다. 얼마 전까지 주거지 결정의 중요한 변수는 교통의 편리성과 학군이었다. 그러나 최근에는 자연친화적인 생활을 추구할 수 있는 산이나 공원이 있는지, 조망권과 일조권이 충분한지가 중요한 요인

---

131) 2004년 부산시에서는 '웰빙 시정(市政) 추진계획'을 수립하고, 2005년 웰빙 시정을 추진하고 있다. 이 계획에서는 건강한 도시, 안전한 도시, 쾌적한 도시, 여유로운 도시, 활력 있는 도시 등 5대 시책을 제시하고 있다. 추진사업으로 '산림욕장 조성 및 정비', '생활주변 소공원 조성', '솔밭 휴식 공간 조성', '반딧불이 생태마을 조성', '산악자전거 코스 설치', '백양산악 마라톤 코스 개발' 등이 있다(안정화, 2005), pp.44 - 46.

132) 한국인의 '사회 안전에 대한 인식도'를 살펴보면, 1997년과 2001년을 비교할 때 '교통', '건축물 및 시설물', '치안' 등의 분야는 1997년에 비해서 2001년에 '안전하다'는 인식이 높아졌다. 그러나 '식품'에 대해서는 1997년에 비해 2001년 조사에서 '안전하다'는 응답 비율이 10.1%에서 8.6%로 낮아졌다(통계청, 2004). 이 수치를 통해서 일반인들이 느끼는 식품에 대한 위기의식을 알 수 있다. 이런 위기의식은 웰빙에 대한 관심으로 확대되기도 하고, 웰빙에 대한 관심이 위기의식의 확대에 영향을 미치기도 하는 것으로 보인다.

133) 웰빙에 대한 관심이 증가하면서 유기농 식품의 판매액은 지속적으로 증가하고 있으며, 무농약 재배를 할 수 있는 새싹 채소의 판매도 급증하고 있다. 미국의 경우, 유기농 시장 규모가 2002년부터 연평균 20%씩 성장하고 있으며 2007년에는 약 307억 달러에 달할 것으로 예측하고 있다(알앤디비즈, 2003).

으로 작용하고 있다. 자연친화적인 주거공간에 대한 추구는 건설회사의 광고 전략에서도 잘 드러나고 있다. 광고 카피에 사용되고 있는 키워드가 '숲', '바람', '새소리' 등으로 자연친화적인 요소가 대표적이다. 이런 자연친화적인 환경을 마케팅 전략으로 선택하고 있는 사례는 신일건설의 '해피트리'의 경우도 마찬가지다. 신일건설에서도 광고 카피에서 '자연을 담은 첨단 아파트'라는 개념을 전략적으로 사용하고 있다.

그리고 웰빙 개념을 전면에 부각시키는 건설회사의 경우도 증가하고 있다. 예를 들어서, 에이스종합건설의 '에이스 리버티움'은 '친환경 마감재 도입과 층간 방음설계 등을 적용해 웰빙 개념을 강화'했다는 것을 강조하고 있다. 또, 성원건설의 '성원상떼빌'은 '아파트를 건강테마파크로 조성'하는 등 웰빙 욕구에 부응하는 상품을 선보이고 있다.

이런 한국사회의 웰빙 트렌드는 패션에서도 잘 나타나고 있다. 정재철(2004)은 국내 패션 산업에 나타난 웰빙 문화 현상의 특성을 자연주의 스타일과 친자연주의 소재의 사용, 자연주의적 느낌의 뉴트럴 컬러와 파스텔 컬러의 사용 등에서 찾았다. 특히 대나무와 콩 등을 소재로 하는 웰빙 패션은 웰빙화의 현실을 잘 반증하고 있다.

셋째, 한국사회의 웰빙 트렌드는 요가나 명상 등 정신적인 수양에 대한 관심이 확대되어 새로운 여가문화에 영향을 미치고 있다. 웰빙 트렌드의 대표적인 특징은 물질적인 것에 비중을 두던 삶의 가치를 정신적인 것으로 옮겨가는 데 있다. 즉 생활양식의 변화가 일어나고 있다. 현대사회를 지배하는 잘 사는 것의 기준이 되는 물질적인 풍요로움은 이제 더 이상 현대인들에게 만족감을 제공해 주지 못한다. 물질적 풍요보다는 여유로운 삶에 대한 욕구가 늘어가고 있다.

전영옥·윤종언은 '웰빙 문화의 등장과 향후 전망'에 대한 연구에서 웰빙족의 특징을 다음과 같이 지적하고 있다. "웰빙족은 육체적·정신적 건강을 추구하고 물질적으로는 덜 풍족하더라도 행복한 삶을 위해 시간을 투자한다. …… 그 가운데 한 가지가 바로 요가·단전호흡 등 명상과 관련된 운동을 하면서 건강을 추구한다."(전영옥·윤종언, 2005) 즉 웰빙은 생활 스타일 자체의 변화에 직접적인 영향을 미치고 있다.

현대사회의 웰빙에 대한 관심은 본말이 전도된 현상을 보이고 있다. 상업화된 웰빙의 소비는 외적으로는 삶의 수준을 높이는 것처럼 보일지 모르지만, 근본적으로 잘 산다는 것에 대한 가치관의 정립이 배제된 채로 맹목적인 웰빙 추구는 삶으로부터의 소외를 야기할 것이다. 웰빙해야 한다는 강박관념은 웰빙하는 삶으로부터 점점 멀어지게 하는 결과를 초래할 것이다.

오늘날 한국사회에서 추구하는 웰빙은 삶의 질을 높여 줄 수 있는 대안으로서 의미를 가지고 있는가? 웰빙의 지향이 현대사회가 직면한 삶에 대한 철학적 반성과 그 맥락을 같이하고 있는가? 그러므로 현대사회의 웰빙 트렌드에 대한 비판적 검토가 요구된다. 한국사회의 웰빙 트렌드는 다음과 같은 문제점을 안고 있다.

첫째, 잘 사는 것, 즉 웰빙을 실현하는 것은 진정한 자신과의 만남을 통해서 가능하다. 그러나 오늘날 한국사회의 웰빙은 주체가 결여된 채로 대중매체 혹은 상업주의의 영향으로 사회적으로 확산되는 경향이 있다. 그러므로 아주 짧은 시간에 사회적인 트렌드를 형성했지만, 웰빙을 실현하는 개인의 삶의 차원에서의 고민이 충분하지 못하다는 문제점이 있다.

그러므로 웰빙의 실현이 마치 개인이 일상생활에서 좋은 식품을 먹고, 친환경적인 공간에서 주거하고, 몸에 좋은 소재의 옷을 입는 등 웰빙 상품을 소비하는 것으로 인식되고 있다. 그러나 이런 웰빙의 양상은 개인적인 욕구를 충족시키는 데에는 충분할지 모르지만, 궁극적인 웰빙을 추구하지는 못하게 한다. 진정한 웰빙의 철학적 의미는 다른 것에 의미를 두고 있기 때문이다.

안정화(2005)의 연구에서 조사대상자들은 웰빙을 실현하는 방법으로 '운동을 한다'에 33.7%가 응답하였다. 다음으로는 '음식을 바꾼다'라고 23.6%가 응답했다. 현대인들의 절반 이상은 웰빙이 건강을 위한 운동이나 식사 조절 등으로 실현되는 것으로 인식하고 있음을 알 수 있다. 그러나 웰빙은 건강이나 장수로 설명되지 않는 삶의 차원을 전제로 한다.

웰빙의 철학적 의미에 대한 논의를 통해서 보면, 웰빙에서의 좋음이란 주관적이고 사적인 것을 넘어서는 인식을 전제로 하고 있다. 따라서 웰빙이 단순히 개인적인 욕구를 충족시키고 만족감을 주는 것으로 달성된다고 인식하는 것에는 문제가 있다. 사회적 상황에 따라 웰빙이 어떤 형식으로 논의가 되고 실현되더라도 궁극적으로는 잘 산다는 것에 대한 아리스토텔레스가 제시하는 행복을 달성하는 데 대한 관심이라는 것을 의식해야 할 것이다(이태수, 2004).

다시 말해서, 존재적 차원에서의 문제의식이 결여된 웰빙은 허구에 불과하다. 현대적 가치와 욕망에 빠져 있는 개인이 아무리 좋은 음식을 먹고, 환경이 좋은 집에서 살고, 좋은 옷을 입고 있다고 해도, 삶의 가치와 지향이 '잘 산다는 것'에 초점을 맞추고 있지 않다면 무의미한 것이다. 오늘날 우리가 만나게 되는 웰빙의 양상은 자신의 존재적 차원의 웰빙은 결여한 채로 외적인 것에 그 관심이 집중되어 있다는 문제를 안고 있다.

둘째, 현대사회의 웰빙은 소비 지향적이고 상품화되어 있다. 위에서 살펴본 바와 같이 웰빙을 실천해야 하는 주체의 문제의식에 의해서 웰빙 트렌드가 형성된 것이 아니라, 웰빙을 판매하는 대중매체와 기업의 주도에 의해서 웰빙 트렌드가 형성되었기 때문에 소비 지향적인 경향이 강하다. 사회구조의 변화로 인해서 현대인들의 삶은 변화하고 있다. 그러므로 현대인들은 사회구조적 변화에 부합하는 웰빙에 대한 답을 찾고자 한다. 그러나 현대사회에서 나타나는 웰빙의 양상은 그런 해답을 제시하지 못하고 있다.

오늘날 웰빙이라는 포장을 하고 있는 상품들은 고부가가치를 창출하는 상품이다. 치열한 시장에서 소비자들의 시선을 끌기 위한 전략으로 웰빙이 사용되고 있다. 웰빙이라는 수식어를 달고 있는 식품, 인테리어, 여가 프로그램, 가전제품 등은 판매액이 증가하고 있다. 웰빙 트렌드는 웰빙 산업과 결합하면서, 새로운 산업적 전략으로 부각되고 있다. 웰빙의 본래 의미와는 무관하게 일반적인 소비와 차별화하고 특별한 계층의식을 형성하는 데 웰빙 트렌드가 작용하고 있다. 웰빙을 추구하는 것이 자신을 타인과 차별화시켜 주는 욕구의 표출로 이용되는 경향이 있다(안정화, 2005).

셋째, 현대사회의 웰빙은 여전히 현대적 가치를 달성하는 데 목표를 두고 있다. 집중력을 높여서 업무를 더 잘 수행하거나 시험 성적을 높이기 위해서 명상을 하고, 건강하게 장수하고 날씬한 몸

매를 가지기 위해서 요가를 한다. 이런 목표를 가지고 명상을 하고 요가를 하는 것이 웰빙을 실현하는 길이 될 수 있을까? 웰빙의 진정한 목표는 이런 것에 국한되는 것이 아니다. 웰빙의 목표는 현대적 삶에서 추구하는 부, 명예, 권력 등의 세속적인 가치로부터 벗어날 때 비로소 실현되는 것이다.

그러므로 오늘날 한국사회에서 흔히 볼 수 있는 현대적 가치에 집착하면서 웰빙 상품을 소비하는 삶은 진정한 웰빙이라고 할 수 없다. 특히 웰빙의 왜곡된 지향의 하나인 '웰루킹(Well – Looking)'은 삶에서 스스로 만족을 추구하는 것보다, 다른 사람들에게 잘 보이는 것에 더 많은 관심을 가지고 있다. 이런 현상은 한국사회의 웰빙이 직면하고 있는 근본적인 문제점을 잘 보여주고 있다.

3. 장자 웰빙관의 탈현대적 함의

현대사회의 웰빙의 요체는 무엇인가? 그것은 이 세계로부터 근원적으로 분리된 개아(個我)로서의 나의 웰빙이다. 장자(莊子)의 웰빙관은 이와 근본적으로 다르다. 장자의 웰빙관은 세계와 상통하며 궁극적으로는 하나인 나의 웰빙이다.

현대사회의 웰빙의 목표는 건강하게 살기, 오래 살기에 대한 관심이다. 삶의 여유를 지향하거나 정신적인 풍요로움을 지향하는 웰빙과 만날 수도 있다. 이와 같이 웰빙은 '작은 나'에 대한 관심을 벗어나지 않는다.

현대 웰빙의 주된 관심은 건강하게 장수하는 것이다. 이런 웰빙에 대한 관심은 장자 사상에도 잘 드러나고 있다. 양생(養生)에 대한 도가적 관심이 그것이다. 그러나 이런 육체적, 정신적 건강을 유지하고 장수하는 것에 대한 관심을 넘어서는 웰빙의 새로운 차원을 장자 사상에서 엿볼 수 있다.

그것은 세속적인 기준과 욕망으로부터 자유로운 삶을 살아가는 것이다. 시대를 지배하는 세속적인 기준과 욕망은 인간의 삶을 소외시킨다. 그것으로부터 자유로울 수 있다면 진정한 웰빙을 추구할 수 있을 것이다. 현대적인 삶의 많은 문제는 장자 사상에서 그 해답을 찾을 수 있다. 장자 사상에 나타난 웰빙관은 다음과 같이 요약할 수 있다.

첫째, 대자유의 삶을 사는 것으로서 새로운 웰빙에 대한 모델을 제시해 준다. 장자 사상은 세상 어떤 것에도 구애되지 않는 자유로운 삶의 경지를 제시하고 있다. 부와 명예, 권력에 대한 가치부여는 인간의 삶을 구속한다. 이런 것들에 대한 집착으로부터 벗어났을 때, 인간은 비로소 참된 자유와 행복을 얻게 된다.[134]

『장자』, 「소요유(逍遙遊)」에는 다음과 같은 이야기가 있다. 기산(箕山)에서 은자(隱者)로 살던 허유(許由)는 자신을 대신하여 천하를 다스려 달라는 요(堯)임금의 요청에 다음과 같이 답한다.

"그대는 천하를 이미 잘 다스리고 있소. 그런데 내가 그대를 대신하다니, 천자라는 명목(名目)을 얻기 위해서 대신한단 말인가요? 명목이란 실질의 손(客)[135]

---

134) 왕선겸(王先謙)도 『莊子集解』에서 "사물에 얽매인 현실을 초월하여 대자연의 무궁한 품속에서 자유로이 노넓을 뜻한다."고 「소요유」 편에 주를 달고 있다(안동림, 2001: 재인용).

135) 여기서 손(客)은 실질에 수반해서 찾아드는 일시적인 가상물을 말한다(안동림, 2001).

에 지나지 않습니다. 나더러 그런 손이 되란 말인가요? …… 내게는 천하란
아무 소용도 없소."136)

장자는 허유의 대답을 통해서 세속적인 부와 지위가 실질적인
것이 아니라, 일시적인 가상의 것이라고 충고하고 있다. 현대사회
에서는 삶의 가치를 부자가 되거나 높은 지위에 오르는 것에 두는
경우가 많다. 심지어 '부자 되세요'라는 말이 덕담으로 사용되기도
한다. 그러나 장자는 이런 현대적인 삶의 가치로부터 자유로운 새
로운 삶의 차원을 제시하고 있다.

> "지인(至人)에게는 사심(私心)이 없고, 신인(神人)에게는 공적(功績)이 없으며,
> 성인(聖人)에게는 명예가 없다."137)

천하가 아무 소용도 없다고 할 수 있었던 장자가 추구한 것은
세상의 일에 어떤 집착이나 얽매임이 없는 삶이었다. 지인, 신인,
성인은 세속적인 부나 명예, 권력으로부터 자유로운 삶을 산다. 그
런 삶이 바로 잘 사는 삶, 즉 장자의 웰빙인 것이다.

『장자』, 「소요유」의 유(遊)는 마음의 유이며, 편안하고 한가롭게

---

136) 『莊子』, 「逍遙遊」, "子治天下, 天下旣已治也. 而我猶代子, 吾將爲名乎? 名者實之賓
也. 吾將爲賓乎? …… 予无所用天下爲!"

137) 『莊子』, 「逍遙遊」, "至人无己, 神人无功, 聖人无名."
『도교사상사전』에서는 "지인(至人)은 도가(道家)에서의 이상적인 인물을 말한다. 신인(神
人)은 중국철학에서 상대 유한의 세계를 벗어버리고 절대적 무한의 세계를 소요하는 사람
을 말한다. 성인(聖人)은 인격과 품덕이 가장 높은 사람이며, 최고의 이상인격(理想人格),
지덕(知德)의 최고의 표준을 말한다."(김승동, 1996) 그러나 장윤수(2000)는 "지인(至人)
은 충분히 덕을 쌓은 사람, 신인(神人)은 신묘한 능력을 갖춘 사람, 성인(聖人)은 자득통
달(自得通達)한 사람으로, 세 경우 모두 이상적 인격을 가리킨다고 한다." 여기서 장자의
이상적 인간상에 대한 개념 해석의 미묘한 차이를 구별할 필요는 없을 것 같다. 다만 간
과할 수 없는 부분은 장자가 제시한 이상적 인간상은 개인적인 이익을 추구하거나 공적을
쌓고 명예를 추구하는 것으로부터 자유로운 경지를 말하고 있다는 점이다.

마음이 자적(自適)하는 것이다. 따라서 유(遊)에는 정신적 자유라는 의미가 있다. 소요유하는 주체는 마음이며, 소요유의 실현은 속세에서 정신적인 평화를 가능하게 한다(리우샤오간, 1998). 천치아오잉(陳敲應, 1997)은 소요유는 현실적인 차원의 삶을 정신적인 차원의 삶으로 확대할 수 있다고 한다. 즉 소요유란 '끝없이 광활한 내면세계와 비할 데 없이 드넓은 정신 공간'에서 어떤 세속적인 가치에도 방해받지 않는 '정신의 해방을 통한 대자유'의 삶이라고 설명한다.

둘째, 장자는 외적인 성취를 지향하고 획득한 것을 즐기는 삶이 아니라 내적인 자기발견을 지향하고 '참된 자기'의 자연을 즐기는 삶을 주창함으로써, 새로운 웰빙의 모델을 제시하고 있다. 소요유에서 삶의 목적은 삶 그 자체를 즐기는 것이다. 장자에게 있어서 사회적 성공이나 업적 등은 더 이상 삶의 목적이 될 수 없다. 외물(外物)에 얽매이지 않으면서, 삶 그 자체를 향유하는 삶을 장자는 주창하였다.

> "저 열자(列子)는 바람을 타고 다니니 가뿐하고 좋다. 15일이 지나서야 비로소 돌아온다. 그는 편하게 복을 갖다 주는 것(바람)을 좇아 허둥지둥하지는 않는다. 이는 스스로 걷는 불편은 면했으나 역시 기대는 데가 있다. 그러나 만약 천지 본연의 모습을 따르고 자연의 변화에 순응하여 무한의 세계에 노니는 자가 되면 대체 무엇을 의존할 게 있으랴."[138]

위의 구절에서 장자는 열자의 경지가 세속적인 복을 구하는 데

---

138) 『莊子』, 「逍遙遊」, "夫列子御風而行, 冷然善也, 旬有五日而後反. 彼於致福者, 未數數然也. 此雖免乎行, 猶有所待者也. 若夫乘天地之正, 而御六氣之辯, 以遊无窮者, 彼且惡乎待哉."

는 연연하지 않지만, '기대는 데가 있다'는 점을 비판한다. 장자가 말하는 최고의 경지는 세속적인 어떤 것에도 의존하지 않으며, 천리에 따르고 자연과 합일하는 경지를 말한다. 그것은 자연과의 합일을 통한 나의 실현을 통해서 경험할 수 있으며, '참된 자기'를 자유롭게 향유하는 높은 수준의 탈현대적 삶의 전형으로서의 가치가 있다(홍승표, 2002).

> "송영자(宋榮子)는 이런 인물을 싱긋이 비웃는다. 그리고 세상 모두가 칭찬한다고 더욱 애쓰는 일도 없고, 세상 모두가 헐뜯는다고 기(氣)가 죽지도 않는다. 다만 내심(內心)과 외물(外物)의 분별을 뚜렷이 하고 영예와 치욕의 경계를 구분할 뿐이다. 그는 세상일을 좇아 허둥지둥하지 않는다."[139]

송영자는 세속적인 출세와 입신을 추구하는 사람을 보면, 그 덧없음을 인식하고 있기 때문에 가벼이 비웃는다. 그는 세상의 평가나 가치에 흔들림이 없는 사람이다.[140] 자신이 처한 상황 속에서 그 삶을 그대로 즐기는 것이 바로 소요유의 경지이다. 장자가 주창하는 소요하는 삶이란 '편안하고 한가롭게 자족'하는 것을 말한다. 자신의 삶 자체를 향유하며 노니는 웰빙의 지혜를 말하고 있다.

셋째, 장자는 낙도(樂道)하는 삶으로서의 새로운 웰빙의 모델을 제시하고 있다. 도(道)는 없는 곳이 없다. 낙도하는 삶이란 우주만물에 편재하는 도와 하나가 되어 이를 즐기는 삶이다. 자연과 조화를 이루는 삶, 자연의 이치에 따르는 삶, 이것이 바로 낙도하는

---

139) 『莊子』, 「逍遙遊」, "宋榮子猶然笑之. 且舉世而譽之而不加勸, 舉世而非之而不加沮. 定乎內外之分, 辯乎榮辱之境, 斯已矣. 彼其於世未數數然也."

140) 장자는 송영자의 경지가 세상의 평가에 흔들리지 않는 무명의 경지이기는 하지만, 내심과 외물을 분별하고 영예와 치욕을 구분하고 있음에 대해서는 비판을 한다(장윤수, 2000).

삶의 의미이다.

> "드넓은 들판, 그 주변을 아무런 목적 없이 자족하며 거닌다. 소요하다가, 편
> 안히 나무 아래 몸을 눕힌다."141)

위의 문구에는 장자의 소요유가 잘 형상화되어 있다. 낙도하는 삶의 모습이 잘 그려져 있다. 현대의 우리들은 자신과 아무런 관련도 없는 것을 부질없이 쫓아다니면서, 삶을 낭비하고 있다. 너무나도 소중한 시간을 흘려보내고 있다. 장자는 자신과 이 세계의 경이로움을 만나고, 그 안에서 즐기는 새로운 삶의 방식을 주창하고 있다. 이는 노동과 소비에 중독되어 인생을 허비하는 현대인에게 주는 값진 교훈이며, 새로운 웰빙의 의미이다.

도가의 관점에서 인간은 '우주적 자기를 내재하고 있는 존재'이다. 그러므로 삶의 궁극적인 목적이 외물의 추구에 있는 것이 아니라, 자신에게 내재해 있는 우주적인 자기를 자각하고 향유하는 것이 된다. 바로 소요유하는 삶을 말하는 것이다. 소요유의 삶은 구도(求道)와 낙도(樂道)를 통해서 삶의 궁극적인 가치를 추구할 수 있다(홍승표, 2002b).

'잘 산다는 것' 즉, 웰빙은 누구에게나 중요한 문제이다. '잘 산다는 것'의 의미가 참으로 중대한 것임을 고려할 때, 현대인들은 너무 쉽게 현재의 웰빙 트렌드를 수용하는 경향이 있는 것 같다. 현대사회의 웰빙은 자신을 주인이 되는 삶으로부터 소외시키는 측면이 있다. 유기농 식품을 먹고, 황토 집에서 산다는 것을 통해서

---

141) 『莊子』, 「逍遙遊」, "廣莫之野, 彷徨乎无爲其側, 逍遙乎寢臥其下."

웰빙하고 있음에 만족할 수는 없다. 스스로가 주인이 되는 삶을 위해서는 진정한 웰빙하기의 시도가 필요하다.

웰빙, 즉 잘 산다는 것의 기준은 매우 주관적이며 철학적 지향에 따라서 다른 답을 제시할 수 있을 것이다. 김선욱(2005)은 웰빙의 답을 철학적 주체로서 웰빙, 즉 자유의 웰빙을 추구하는 것이라고 규정하고 있다. "자유란 필연성에 얽매이지 않고 선택할 때 주어지는 것이다. 우리가 생의 필연성으로부터 벗어날 수 없지만, 생의 필연성에 기초한 시스템에 얽매일 필요는 없는 것이다. 경제가 중요하지만 경제지상주의에 매여 살 필요는 없는 것이다. 웰빙의 의미가 전해주는 진정한 좋은 삶이란 자유의 삶이다."

그런가 하면, 문성원(2005)은 "즐김과 행복을 '잘-있음'으로 규정하는 것은 우리 삶의 열린 관계를 사물화하고 고정시켜 파악하게 될 위험이 있다."고 한다. 즉 있음에 집착하는 것이 아니라, 그것을 넘어선 '참살이'를 추구해야 한다고 한다. '잘 있음'을 향한 노력보다는 타자와의 관계가 우리의 삶에서 훨씬 더 큰 의미를 가진다. 그러므로 윤리가 관계를 조정하고 질서 지우는 중요한 위치를 차지하게 된다.

웰빙에 대한 대표적인 철학적 접근은 육체와 정신적인 측면에서의 건강을 추구하는 것, 육체와 정신의 행복을 지향하는 것으로 웰빙을 정의하고 그에 대한 방법을 모색하는 입장이 다. 이런 관점은 가장 일반적인 웰빙 논의의 하나이다. 육체적 건강을 추구하기 위해서 양생법을 사용하고 정신적 건강을 위해서 고도의 수행을 시도한다.

"정신을 고도로 집중한 상태 속에서 주어진 환경과 완전한 일체감을 느끼고, 신체를 외부 환경의 이법에 조응시키는 것이다. 즉 의식의 주체적·능동적인 활동을 일체 배제시킨, 그리고 주관에 의해 왜곡되지 않은 '대상에 대한 전일적(全一的) 인식'이라고 해도 좋을 것이다. …… '양신적(養神的) 양생(養生)'을 통하여 확인할 수 있으며, 그것은 결국 초월적 삶의 차원을 지향하는 양생관이라는 것을 알 수 있다."(김용수, 2005)

이상에서 논의하는 웰빙에 대한 접근은 현대사회에 드러나는 웰빙을 잘 해석하고 있다는 점에서는 의의를 가지고 있다. 하지만, 웰빙이 어떤 지향을 가져야 하는가에 대해서는 대안을 제시하고 있지 못하다. 여기서는 '새로운 웰빙'에 대한 지혜를 장자에게서 찾아보았다. 장자는 현대사회를 살아가는 우리들에게 진정한 웰빙에 대한 새로운 관점을 제공해 주고 있다.

첫째, 장자 사상은 새로운 웰빙의 모델을 한국사회에 제공해 줄 수 있다. 한국사회에서 웰빙은 철학적인 문제의식이 약한 상태에서 개인적인 차원에서 추진되었고, 웰빙 시장은 산업의 전 분야에 걸쳐서 형성되었다. 따라서 한국사회에서 웰빙의 양상은 상업화의 경향이 두드러지고, 본래의 철학적 의미를 상실한 채 혼돈에 빠져 있다. 이런 현실 속에서, 장자의 웰빙관은 현대사회를 살아가는 우리들에게 진정한 웰빙에 대한 새로운 관점을 제시해 줄 수 있다.

어떻게 사는 것이 웰빙하는 것인가에 대한 답을 장자 사상에서는 친절하게 제시하고 있다. 세속적인 기준에 지배받지 않고 인간다운 삶을 추구할 수 있는 대자유의 삶을 지향하는 새로운 웰빙관이 바로 그것이다. 현대적인 가치에 얽매이게 되면 비인간적인 삶을 경험하게 되고, 스스로의 삶의 주인이 되기보다는 삶으로부터 소외되는 결과를 초래한다. 즉 삶의 궁극적인 목표를 상실한 채, 마치 세속적인 부와 명예가 목표인 것 같은 혼돈에 빠지게 된다. 이런 문제를 극복할 수 있는 대안이 바로 장자 사상 속에 있다.

둘째, 장자 사상은 자기 초월적인 존재로서의 웰빙에 대한 새로운 관점을 제시해 준다. 현대사회에는 웰빙 트렌드는 형성되어 있지만 주체가 결여된 채, 웰빙 상품의 소비가 확대되고 웰빙을 추구하는 여가문화가 확대되는 양상을 보이고 있다. 그러나 진정한 웰빙은 참된 자기와의 만남을 가능하게 해 주고, 삶의 목표가 욕망충족이라는 소아를 극복할 수 있을 때 가능한 것이다. 이런 웰빙의 관점을 장자 사상에서 풍부하게 찾을 수 있다.

웰빙을 포함한 삶에 대한 현대사회의 고민은 대부분 '나'라는 소아의 문제에 국한되는 경향이 있다. 나의 행복과 나의 건강에 대한 관심은 극도로 확대되고 있지만, 이러한 고민은 '나'에 집착하면 할수록 문제해결과는 멀어지는 결과를 초래한다. 소아를 극복한 대아에 대한 관심과 소아에 대한 집착을 벗어나는 웰빙하기를 통해서 진정한 자아와 만날 수 있게 된다. 이와 같은 자기 만남의 지혜를 장자 사상의 자기 초월적인 존재 인식에서 엿볼 수 있다.

셋째, 장자 사상은 낙도라는 오래되었지만, 미래적인 대안이 될 수 있는 웰빙의 모델을 제시해 준다. 현대사회의 웰빙은 장수와 건강을 목적으로 한다. 그러나 인생에 있어서 장수와 건강은 목적이 아니라, 진정한 삶을 위한 도구에 불과하다. 그렇다면 진정한 웰빙은 무엇일까? 이에 대한 해답을 장자 웰빙관은 낙도라는 답으로 제시해 준다. 분리된 개체로서의 욕망 충족적인 삶을 영위하는 웰빙이 아니라 우주만물과 하나가 되어 낙도하는 삶으로서의 웰빙이 진정으로 잘 사는 삶이다.

세상과 분리되지 않은 우주만물 속의 나에 대한 자각은 인위적인 자연친화적인 삶을 통해서 얻을 수 있는 장수와 건강과는 차이가 있다. 자연에 순응하는 삶을 추구하는 과정에서 얻어지는 장수와 건강은 삶의 일차적인 목표가 아니라, 웰빙하기를 통해서 얻을 수 있는 부가적인 것임을 잊어서는 안 된다. 우리의 삶의 목표는 장수나 건강이 아니라 인간적이고 행복한 삶이 되어야 하는 것이다. 장자가 제시하는 낙도라는 웰빙관은 바로 이런 목표를 달성할 수 있는 방법을 제시하고 있다.

지금까지 장자 사상에서 새로운 웰빙의 모델을 살펴보았다. 장자의 웰빙관은 현대적인 문제를 해결할 수 있는 진실한 대안을 제시하고 있다. 그렇다면 장자의 웰빙관을 현대인들이 대중적인 차원에서 전면적으로 받아들이고 수용할 수 있을까? 그것은 어려운 일일 것이다. 장자의 웰빙관을 현대인들이 실천하고 수용하는 데는 한계가 있을 것이다. 그러나 이 한계는 장자 웰빙관의 현대적 가치를 제한하는 요소가 되지는 못할 것이다. 왜냐하면, 지금 현재 우리들에게 절실히 필요한 것은 진정한 웰빙의 이정표를 찾아내는 일이다. 이런 맥락에서 볼 때, 장자 사상은 오랜 시대의 간극을 뛰어넘어, 우리의 현재와 미래 속으로 들어올 수 있는 충분한 자격을 갖추고 있다.

참고문헌

『論語』
『孟子』
『小學』
『禮記』
『莊子』
『中庸』
『周易』
『呂氏春秋』
『黃帝內經 素問』

강남옥. 1992. 「역의 음양사상 연구」, 동아대학교 교육대학원 석사학위
　　　논문(미간행).
강석후. 1999. 「성역할 이론과 Scanzoni의 척도」, 『산업경영연구』 11:
　　　157 - 169.
강정구. 1990. 「성역할 형성 요인에 관한 연구 - 부모의 성역할 양육태
　　　도와 성역할 발달과정을 중심으로」, 『논문집』 30: 9 - 40.
고회민(高懷民). 1995. 『주역철학의 이해』, 정병석 역. 문예출판사.
구광현. 2001. 「유아기 자녀를 둔 어머니의 성역할 정체성과 성역할에
　　　관한 자녀양육태도」, 『인문과학연구』 9: 197 - 218.
구승회. 1997a. 「환경문제의 윤리학적 근거지움: 환경문제가 왜 윤리학
　　　적인 문제인가?」, 『국민윤리연구』 36: 93 - 112.

_____. 1997b. 「환경윤리의 문제 영역」, 『철학사상』 7: 293 - 316.

_____. 2004. 『생태위기와 환경윤리, 지구촌 공동체 - IT의 사회·문화적 영향 연구: 21세기 한국 메가트렌즈 시리즈』, 정보통신정책연구원.

곽신환. 1991. 『주역의 이해』, 서광사.

꾸워웨이(郭爲). 1993. 「음양오행가의 사상 - 한대 사상의 특질과 함께」, 『음양오행가의 사상』, 신지원: 157 - 271.

권상우. 2006. 「근대, 탈현대 그리고 유학」, 『동양사회사상』 14: 83 - 106.

김경방(金景芳)·여소강(呂紹綱). 『역의 철학』, 한국철학사상연구회 기철학분과 역. 예문지.

김기용·김헌일. 2004. 「여가 연구 경향 분석」, 『한국체육학회지』 제43권 제5호: 689 - 703.

김동일. 1996. 「남녀 차이(3): 사회심리학적 측면」, 김동일 편저. 『성의 사회학』, 문음사: 57 - 102.

김동춘. 2002. 「유교와 한국의 가족주의; 가족주의는 유교적 가치의 산물인가?」, 『경제와 사회』 55: 93 - 118.

김문겸. 2003. 「한국 여가문화 형성의 사회적 조건 변화」, 『부산대학교 사회과학논총』 제22권: 55 - 76.

김미영. 2002. 「'陰'에 부과된 私적 특성에 대한 여성주의적 접근 - 주자학의 가족윤리를 중심으로」, 『철학』 72권: 77 - 98.

_____. 2004. 『유교문화와 여성』, 살림.

김석진 역주. 1997. 『周易』, 서울: 대유학당.

김선욱. 2005. 「웰빙 라이프의 정치적 구조」, 『철학연구』 95: 1 - 20.

김승동 편저. 1996. 『道敎思想辭典』, 부산대학교출판부.

김승동 편저. 1998. 『易思想辭典』, 부산대학교출판부.

김영민. 2005. 「근대성과 한국학: 한국 사상사를 중심으로」, 『오늘의 동양사상』 13: 120 - 147.

김영수. 2005. 「생태적 도시를 위한 신도시개발과 재개발」, 『지역사회발전학회 논문집』 30(3): 23 - 36.

김영주. 2001. 「서양 이분법과 동양 음양법의 극복 - 태극 이분법」, 『동양사회사상』 4: 37 - 80.

_____. 2003. 「동양 음양법의 상호 관계론적 사색틀과 그 비판」, 『동양사회사상』 8: 75 - 101.

김용수. 2005. 「'웰빙'(Wellbeing)과 도교 '양생'(道敎 養生)」, 「대한철학회 2005 봄 학술대회」: 33 - 49.

김재범. 1998. 「동서 사상의 비교를 위한 인식 준거」, 『동양사회사상』 1: 47 - 77.

_____. 2001. 『주역사회학』. 예문서원.

김자연. 2001. 「동화에서 남녀평등의 문제」, 『여성문학연구』 6: 355 - 374.

김정선. 1997. 『페미니즘, 무엇이 문제인가』, 문예출판사.

김제란. 2000. 「동양적 가부장제의 이론적 근거로서의 음양 사상: 선진에서 한대까지의 전개 과정을 중심으로」, 『중국철학』 제7집: 83 - 113.

김진섭. 1997. 『현대여가의 이해』, 대왕사.

김초훈. 2001. 「Feminist Theories」, 『Athenaeum』 7: 37 - 57.

김필년. 1992. 『동 - 서문명과 자연과학』, 까치.

김혜영. 2004. 「가족여가와 젠더」, 『가족과 문화』 제16집 2호: 127 - 166.

김혜숙. 1999. 「음양 존재론과 여성주의 인식론적 함축」, 『한국여성학』 제15권 2호: 5 - 28.

_____. 2000. 「음양적 사유와 인과적 사유」, 『철학적 분석』 1권: 52 - 77.

노성숙. 2005. 「포스트모더니티와 여성주의에서 본 젠더와 정체성」, 『인간연구』 8: 5 - 39.

노진철. 1999. 「환경문제와 사회과학의 패러다임 전환」, 『사회과학』 제11권.

맹제영. 2000. 「장자의 「소요유」라는 행위에 대한 의미분석」, 『인간연구』 1(1): 108 - 158.

문숙재·윤소영·윤지영. 2005. 「가족여가의 의미와 동기에 따른 여가 만족도 분석」, 『한국가정관리학회지』 제23권 1호: 31 - 39.

문성원. 2005. 「웰빙에서 윤리로 - 잘 있음과 있음 넘어서기」, 『철학연구』 95: 93 - 110.

문혜옥. 2000. 「성역할 고정관념에 관한 고찰」, 『논문집』 18: 205 - 222.

미조구찌 유우조(溝口雄三) 외. 2003. 『중국사상문화사전』, 김석근 외 번역, 민족문화문고.

민가영. 2003. 「페미니즘은 모든 사람을 위한 것인가?」, 『여성학논집』 제20권: 156 - 164.

민족문화추진회편. 1997. 『율곡집1, 2』. 솔.

박수정. 2005. 「웰빙과 여가문화」, 『문화와 인간』, 인하대학교 출판부.

박의경. 2004. 「여성학적 인식론의 발견과 그 사상사적 지평」, 『동아시아와 근대, 여성의 발견』, 청어람미디어: 65 - 86.

박재환·김문겸. 1997. 『근대사회의 여가문화』, 서울대학교출판부.

박호강. 1999. 「젠더 정체성의 사회적 구성과 젠더 이데올로기」, 『사회과학연구』 7(1): 83 - 109.

방영준. 2003. 「사회생태주의의 윤리적 특징에 관한 연구 - 머레이 북친을 중심으로」, 『국민윤리연구』 53: 285 - 308.

배주영. 2005. 「웰빙 제품에 대한 소비자 만족이 소비자 삶의 질에 미치는 영향」, 연세대학교 대학원 경영학과 석사학위논문(미간행).

변병설. 2005. 「지속가능한 생태도시계획」, 『지리학연구』 39(4): 491 - 500.

서일윤. 2004. 「G - 웰빙족의 발견」, 『웰빙과 여가문화』, 2004년도 한국여가문화학회·조선일보 공동주최 산학협동 학술대회.

성백효 역주. 『論語』, 서울: 전통문화연구회, 1998.

_____. 『中庸』, 서울: 전통문화연구회, 2003.

송갑준. 2001. 「음양오행설의 사유체계」, 『인문논총』 제14집: 113 - 127.

송명규. 2003. 「심층생태학과 사회생태의 논쟁에 대한 비판적 고찰」, 『도시행정학보』 16(3): 45 - 61.

_____. 2006. 「사회생태학과 심층생태학의 생태파시즘 논쟁과 그 교훈」, 『한국지역개발학회지』 18(2): 145 - 166.

송명자·박충일. 1993. 「성역할 관련 상황판단에 반영된 성역할 정형성

분석」, 『학생연구』 제21집: 1 - 20.

신철호 · 한지연. 2004. 「웰빙과 웰빙산업」, 『웰빙과 여가문화』, 2004년
　　도 한국여가문화학회 · 조선일보 공동주최 산학협동 학술대회.

씨에 쏭링(謝松齡). 1995. 『음양오행이란 무엇인가』, 김홍경 · 신하령
　　공역, 연암출판사.

안정화. 2005. 「한국사회에서 웰빙(Well - Being)현상의 실태와 사회적
　　의의」, 부산대학교 대학원 사회학과 석사학위논문(미간행).

알앤디비즈 편집부. 2003. 『유기농산물&가공식품<신시장리포트>』, 알
　　앤디비즈 출판사.

양계초. 1993. 「음양오행설의 역사」, 『음양오행설의 연구』, 김홍경 편
　　역, 신지서원, pp.27 - 51.

양력(楊力). 1993. 『周易과 中國醫學』, 김충렬 외 역, 법인문화사.

양징더(梁靖德). 1998. 『朱子語類』, 허탁 · 이요성 역주, 청계출판사.

양치이차오(梁啓超). 1993. 『음양오행설의 연구』, 김홍경 편역, 신지서원.

오병무. 1984. 「장자의 「소요유」에 관하여 - 천인합일이 어떻게 가능한
　　가?」, 『순천대학교 논문집』 3: 491 - 504.

오세근. 2000. 「조선 유교의 기론에 의한 페미니즘 논의의 지평 확대
　　가능성에 대한 연구」, 『동양사회사상』 3: 123 - 148.

_____. 2006. 「유교 학문론 · 공부론의 탈근대학문 언어체계로의 적용
　　가능성에 관한 연구」, 『동양사회사상』 13: 53 - 92.

오장미경. 2003. 『여성노동운동과 시민권의 정치』, 도서출판 아르케.

오창균. 2003. 「동 · 서양 인간 본성관과 탈근대 사회의 욕망」, 『동양사
　　회사상』 7: 39 - 63.

우리사회문화학회. 2004. 『성과 현대사회』, 도서출판 정림사.

우실하. 2003. 「최초의 태극 관념은 음양태극이 아니라 삼태극/삼원태
　　극이었다」, 『동양사회사상』 8: 5 - 37.

_____. 2006. 「구구가, 구구소한도의 기원과 '3수 분화의 세계관'」, 『동
　　양사회사상』: 347 - 379.

유학주임교수실 편저. 2002. 『N세대를 위한 유교철학 에세이』, 성균관
　　대학교 출판부.

윤도현. 2004. 「생태에 관한 사회과학적 접근」; 국중광 · 박설호 엮음. 『생

태위기와 독일 생태공동체』, 한신대학교 출판부: 159 - 196.

윤은기. 2004. 「웰빙시대의 時테크」, 『웰빙과 여가문화』, 2004년도 한 국여가문화학회 · 조선일보 공동주최 산학협동 학술대회.

윤지환. 2002. 『여가의 이해』, 일신사.

윤소영 · 정유희. 2003. 「핵가족 부부의 가족여가 활동시간에 관한 연구 - 자녀 학령기 가족을 중심으로」, 『여가학연구』 제1권 1호: 79 - 95.

윤소영 · 차경욱. 2004. 「여가인식, 활동유형 및 여가제약의 세대간 비 교」, 『한국가정관리학회지』 제22권 2호: 97 - 107.

육소영. 2003. 「성역할 사회화와 사회제도에서의 남녀평등」, 『학생생활 연구』 29: 96 - 107.

이강수. 1995. 『도가사상의 연구』, 고려대학교 민족문화연구소.

_____. 1997. 『노자와 장자』, 길.

이남복. 1999. 「사회적 관찰과 생태적 위기」, 『사회과학논총』 19.

이광세. 1997. 「근대화, 근대성 그리고 유교」, 『철학과 현실』 제32집.

이동수. 2004. 「포스트모던 페미니즘에서 여성의 정체성과 차이」, 『아 세아여성연구』 제43권 2호: 47 - 73.

이미숙. 1986. 「일생주기를 통해 본 성역할 변화(번역)」, 『생활과학연구 논총』 6(1): 53 - 76.

_____. 2004. 「생활양식으로서의 웰빙(Well - Being): 이론과 적용의 뿌리 찾기」, 『한국생활과학회지』 13(3): 477 - 484.

이상린. 2007. 「유교 수양론과 탈현대」; 최석만 외. 『탈현대와 유교』, 광주: 전남대학교 출판부.

이숙인. 1997. 「페미니즘과 유교」, 『우리들의 동양철학』. 한국철학사상 연구회 편. 동녘, pp.237 - 259.

_____. 2000. 「유교의 새로운 여성 이미지는 가능한가」, 『전통과 현대』 통권 12호: 16 - 29.

_____. 2004. 「호주제 유지의 이데올로기」, 『오늘의 동양사상』, 예문 동양사상연구원.

이영자. 1999. 「한국사회의 가족주의와 페미니즘」, 『현상과 인식』 제23 권 3호: 107 - 122.

이영찬. 1998. 「유가의 불평등 이론」, 『동양사회사상』 1: 161 - 194.

_____. 1999.「유가의 국가관」,『동양사회사상』 2: 79 - 101.

_____. 2001.『유교사회학』, 예문서원.

_____. 2002.「리기론적 패러다임으로 본 유교 사회학」,『동양사회사상』 6: 81 - 111.

_____. 2003.「리기론적 사회학 패러다임 시론」,『동양사회사상』 8: 39 - 74.

_____. 2004.「리기론적 세계관과 사회이론」,『동양사회사상』 10: 59 - 88.

_____. 2005.「유교의 행위이론」,『동양사회사상』 12: 5 - 33.

_____. 2006.「유교사회 구성원리에 관한 연구」,『동양사회사상』 14: 5 - 35.

이은선. 2001a.「유교와 페미니즘, 그 관계맺음의 해석학」,『유교와 페미니즘』, 한국유교학회 편, 철학과 현실사, pp.28 - 63.

_____. 2001b.「유교적 몸의 수행과 페미니즘」,『유교와 페미니즘』, 한국유교학회 편, 철학과 현실사, pp.85 - 133.

_____. 2003.『유교, 기독교 그리고 페미니즘』, 지식산업사.

이정덕 · 김순옥 · 박허식 · 김경신. 1999.「한국 가족윤리 변천에 관한 연구」,『한국가정학회』: 1 - 21.

이정주. 2004.「웰빙 라이프스타일이 패션상품에 미치는 영향」,『혜전대학 논문집』: 261 - 276.

이정환 외. 2004.『여가사회학』, 도서출판 그린.

이재준. 2001.「대안주거지로서의 생태마을 · 생태공동체」,『도시와 빈곤』 51: 30 - 51.

이태수. 2004.「웰빙의 철학적 의미」,『웰빙과 여가문화』, 2004년도 한국여가문화학회 · 조선일보 공동주최 산학협동 학술대회.

이태훈. 1999.「유교적 가족관과 시민적 가족관」,『동양사회사상』 2: 163 - 195.

이현지. 2001.「음양론의 여성학적 함의」,『동양사회사상』 4: 256 - 275.

_____. 2004a.「유교적 가족관계관, 현대 가족위기의 대안인가」,『유교사상연구』 제20집: 98 - 119.

_____. 2004b.『성, 가족, 문화: 다르게 읽기』, 한국문화사.

_____. 2005a.「탈현대적 가족 여가를 위한 구상」,『동양사회사상』12: 161 – 181.

_____. 2005b.「성・사랑・결혼문화 읽기」; 김영순 외.『문화와 인간』, 인하대학교 출판부.

_____. 2005c.「남녀 속의 유교」,『오늘의 동양사상』12: 155 – 170.

_____. 2006a.「음양, 남녀 그리고 탈현대」,『동양사회사상』13: 93 – 112.

_____. 2006b.「탈현대적 성역할 담론 구성을 위한 음양론적 접근」,『동양사회사상』14: 37 – 58.

_____, 2007.「對待的 對立觀과 사회생태학의 새로운 패러다임」,『철학논총』49(3): 277 – 289.

임인숙. 1997.「성역할과 부부권력관계의 재구성 – 재미교포 맞벌이 부부를 중심으로」,『한국사회학』제31집: 817 – 844.

장윤수. 2000.「자유의 스승 장자」,『동양사회사상』3: 265 – 291.

장자 지음. 2001.『莊子』, 안동림역주, 현암사.

장필화. 2001.「여성주의(feminism)의 이론과 실천」,『여성학연구』제11권 제1호: 149 – 161.

전경갑. 1993.『현대와 탈현대의 사회사상』, 한길사.

전광식. 1995.「성경적 세계관이란 무엇인가?」,『기독교사상연구』2: 7 – 20.

전영옥・윤종언. 2005.「웰빙문화의 등장과 향후 전망」, 삼성경제연구소.

전영자. 2000.「성역할 특성과 남녀평등의식에 관한 조사연구」,『인문사회과학논총』7(1): 227 – 248.

정대연. 1999.「환경의 개념」,『한국사회학』33: 585 – 607.

정대현. 2001.「음양관계 개념의 유기적 분석」,『철학적 분석』4권: 1 – 21.

정수복. 1996.『녹색 대안을 찾는 생태학적 상상력』, 문학과 지성사.

정재걸. 1999.「유가 교육 사상의 탈근대적 의미」,『동양사회사상』2: 127 – 162.

_____. 2002.「전통 교육, 근대 교육, 탈근대 교육」,『동양사회사상』6: 133 – 168.

_____. 2006a.「죽음교육에 대한 일 연구 – 화엄의 사사무애법계(事事

無碍法界)를 중심으로」, 『동양사회사상』 13: 205 – 230.

_____. 2006b. 「『논어』와 탈근대교육의 설계」, 『동양사회사상』 14: 59 – 82.

_____. 2008a. 「산수몽괘(山水蒙卦)의 재해석」, 『동양사회사상』 17: 141 – 172.

_____. 2008b. 「산풍고괘(山風蠱卦)의 교육학적 해석」, 『동양사회사상』 18: 113 – 135.

정재철. 2004. 「국내패션 산업에 나타난 웰빙 문화현상의 특성에 관한 연구」, 국민대학교 테크노디자인 전문대학원 석사학위논문(미간행).

조동성. 2004. 「웰빙의 경영학」, 『웰빙과 여가문화』, 2004년도 한국여가문화학회・조선일보 공동주최 산학협동 학술대회.

지영숙・이태진・최보아. 2002. 「가족여가 유형이 가족체계 역동성에 미치는 영향 연구」, 『한국가정관리학회』 제20권 4호: 189 – 196.

추안위엔치이(全元起). 2001. 「음양류론편」, 『황제내경소문 下』. 김달호・이종경 역주, 의성당: 969 – 1001.

최봉영. 1994. 『한국인의 사회적 성격(1) – 일반이론의 구성』, 도서출판 느티나무.

_____. 1997. 『한국문화의 성격』, 사계절.

_____. 1998. 「'사회' 개념에 전제된 개체와 전체의 관계와 유형」, 『동양사회사상』 1: 79 – 104.

_____. 1999. 「성리학적 인간관과 인본주의」, 『동양사회사상』 2: 31 – 77.

_____. 2002. 『본과 보기 문화이론』, 지식산업사.

최석만. 1998. 「사회 윤리로서의 합리주의와 유교의 비교」, 『동양사회사상』 1: 133 – 160.

_____. 2002. 「공公과 사私 – 유교와 서구 근대 사상의 생활 영역 비교」, 『동양사회사상』 5: 5 – 21.

최석만・이태훈. 2006. 「보편적 세계인식 원리로서의 가家」, 『동양사회사상』 13: 5 – 52.

최석만 외. 2006. 『유교적 사회질서와 문화, 민주주의』, 전남대학교출판부.

_____. 2007. 『탈현대와 유교』, 전남대학교출판부.

최석호. 2004. 「가족과 여가」, 『여가학연구』 제1권 3호: 45 – 55.

최영진. 1989. 「역학 사상의 철학적 탐구」, 성균관대학교 동양철학과 박사학위논문(미간행).

_____. 1994. 「儒敎의 中庸思想에 관한 考察 -『周易』과 『中庸』을 中心으로」, 인문과학연구소 편저.『동서사상의 대비적 조명』, 성균관대학교 출판부: 57 - 80.

_____. 2001a. 「유교와 페미니즘, 그 접점의 모색」,『유교와 페미니즘』, 한국유교학회 편. 철학과 현실사, pp.64 - 81.

_____. 2001b. 「『주역』에서 보는 인간과 자연의 관계 - 유교에서 본 21세기 생명문화와 종교: 새로운 생명문화를 위한 타자관의 모색」,『생명연구』 4권: 322 - 340.

최외선 외. 2003.『결혼과 가족』, 정림사.

최임숙. 2005. 「대학생이 지각한 아동기의 성역할 비전형성과 성인기 성역할 정체감의 관계」,『교육연구논총』 26(1): 265 - 280.

최홍기. 1994. 「유교와 가족」,『현대가족과 사회』, 한국가족학회편, 교육과학사.

_____. 2003.『유교사상의 본질과 현대성』, 성균관대학교 동아시아학술원.

편해석. 1999. 「주역의 음양론」, 연구통계청, 2006. 「2006 통계로 보는 여성의 삶」, 통계청 고용복지통계과.

풍우란(馮友蘭). 1993. 「유물론적 요소를 가진 음양오행가의 세계관」; 김홍경 편역.『음양오행설의 연구』, 신지서원: 273 - 309.

통계청. 2003. 「인구동태 통계연보(혼인, 이혼편)」, 통계청.

_____. 2004. 「한국의 사회지표」, 통계청.

퇴계학연구원 편. 1999.『퇴계선생언행록』, 퇴계학연구원.

한국여성연구소. 2005.『새로운 여성학 강의』, 동녘.

한영호. 2004. 「현대 소비사회에서 웰빙 트랜드의 개념과 소비성향 분석」, 중앙대학교 신문방송대학원 신문학과 석사학위논문(미간행).

한자경. 2002.『일심의 철학』. 서광사, 성균관대학교 교육대학원 석사학위논문(미간행).

홍성태. 2006. 「고도성장의 한계와 생태적 전환」,『경제와 사회』 제69권.

홍승표. 1996. 「음양이론에 나타난 사회발전관」,『우리사회연구』 제3집: 191 - 213.

_____. 1998a. 「동아시아 사회사상과 새로운 사회관의 모색」, 『동양사회사상』 1: 105 – 132.

_____. 1998b. 「현대 사회학의 인간관 비판과 유가 사상에 나타난 인간관의 사회학적 함의」, 『한국사회학』 제32집: 531 – 559.

_____. 1999a. 「유가의 예 사상과 규범적 질서의 문제」, 『동양사회사상』 2: 103 – 126.

_____. 1999b. 「동양사상과 사회과학의 새로운 정체성 모색」, 『사회과학논총』 제18권 2호: 237 – 238.

_____. 2000. 「깨달음의 교육의 탈현대적 의미」, 『사회과학논총』 제19권 2호: 161 – 175.

_____. 2002a. 「깨달음의 사회학을 위한 시론(試論)」, 『동양사회사상』 5: 23 – 63.

_____. 2002b. 『깨달음의 사회학』, 예문서원.

_____. 2002c. 「장자 사상의 탈현대적 의미」, 『철학연구』 84: 405 – 422.

_____. 2002d. 「對待的 대립관의 탈현대적 함의」, 『철학논총』 40.

_____. 2004. 「통일체적 세계관과 늙어감에 대한 새로운 인식」, 『동양사회사상』 9: 5 – 30.

_____. 2005a. 『동양사상과 탈현대』, 예문서원.

_____. 2005b. 「통일체적 세계관과 새로운 여가관의 모색」, 『동양사회사상』 12: 79 – 98.

_____. 2006. 「유가 인간관의 탈현대적 함의」, 『동양사회사상』 13: 113 – 131.

_____. 2007a. 「신학문론을 위한 시론」, 『동양사회사상』 15: 161 – 182.

_____. 2007b. 『노인혁명』, 예문서원.

_____. 2007c. 「동양철학의 관점에서 본 근대성 비판」, 『동양철학연구』 52: 8 – 39.

_____. 2008a. 「동양사상과 탈현대 대안사회의 구상」, 『동양사회사상』 17: 59 – 84.

_____. 2008b. 「동양사상과 새로운 다문화사회의 비전」, 『동양사회사상』 18: 5 – 28.

황갑연. 2005. 「유가의 조화지향적인 삶의 방식을 통해서 본 현대 웰빙 문화의 반성 - 선진유학을 중심으로」, 『철학연구』 95: 417 - 436.

황의동. 2002. 『유교와 현대의 대화』, 예문서원.

Bacon, Francis. 2002. 김종갑 옮김. 『새로운 아틀란티스』, 에코리브르.

＿＿＿＿＿＿. 2002. 이종흡 옮김. 『학문의 진보』, 아카넷.

Bookchin, Murray. 1998. 박홍규 옮김. 『사회생태주의란 무엇인가』, 민음사.

＿＿＿＿＿＿＿. 2002. 구승희 옮김. 『휴머니즘의 옹호』, 민음사.

Brickell, C. 2006. "The sociological construction of gender and sexuality". *Sociological Review* 54(1): 87 - 113.

Butler, J. 1990. Gender *Trouble: Feminism and the Subversion of Identity*. New York: Routledge.

Caha, O. 2003. "The death of feminism as an antisystematic movement or the success of feminism to change the system from within?" *Democracy and Nature* 9(2): 285 - 294.

Caroline Ramazanoglu. 1997. 『페미니즘, 무엇이 문제인가』, 김정선 역, 문예출판사.

Darwin, Charles R.. 1983. 이민재 옮김. 『種의 起源』, 을유문화사.

Descartes, Rene. 2004. 최명관 역저. 『방법서설 · 성찰 · 데까르트 연구』, 서광사.

Dickinson, T. D. 2005. "Strengthening women's studies through applied activism: Theoretical, classroom, regional, and cross - border strategies for participating in change". *Women's Studies International Forum* 28(2 - 3): 114 - 126.

Ding, Naifei. 2005. "Subjects of Feminisms in Question", *Asian Journal of Women's Studies*(AJWS) Vol.11 No.2: 87 - 97.

Gibbons, J. L., C. A. Rufener, S. L. Wilson. 2006. *Sex differences in adoption attitudes: The mediating effects of gender role attitudes*. Adoption Quarterly9(2 - 3): 105 - 119.

Hobbes, Thomas. 2005. 김용환 옮김. 『리바이던』, 살림출판사.

Hungtington, Samuel. P. 1997. 『문명의 충돌』, 이희재 옮김, 김영사.

Janet Sayers etc.. 1990. 『여성의 노동·여성의 삶』, 이정원 옮김, 천지.

John Macpherson Sommerville. 1988. 「역사를 어떻게 볼 것인가」, 조일민 옮김, 『사회를 어떻게 볼 것인가』, 도서출판 중원문화.

Linda Nicholson ect.. 1992. 『페미니즘과 포스트모더니즘-새로운 문화 정치학을 위하여』, 이소영·이정호 공편, 한신문화사.

Locke, John. 2005. 강정인·문지영 옮김. 『통치론』, 까치.

Machiavelli, Nicclo. 2005. 정영하 옮김. 『군주론』, 도서출판 산수야.

Malthus, Thomas R.. 1972. 이민재 옮김. 『인구론』, 대양서적.

Marx, Karl and Frichdrich Engels. 1984. *The German Ideology*, Karl Marx and Friedrich Engels Collected Works Vol. 5, Moscow, U.S.S.R: Progress Publishers.

Rachel L. Carson. 2002. 김은령 옮김. 『침묵의 봄』, 에코리브르.

Rich, E. 2005. "Young women, feminist identities and neo-liberalism", *Women's Studies International Forum* 28(6): 495-508.

Rifkin, J. 1996. 『노동의 종말』, 이영호 옮김, 민음사.

Rosemarie Tong. 1995. 『페미니즘 사상-종합적 접근』, 이소영 역, 한신문화사.

Rousseau, Jean Jacques. 2005. 정영하 옮김. 『사회계약론』, 도서출판 산수야.

Sandra, Harding. 1986. *The Science Question in Feminism*. Cornell University.

Sartre, Jean Paul. 1968. 양원달 옮김. 『存在와 無』, 을유문화사.

Sczesny, S., J. Bosak, D. Neff, and B. Schyns. 2004. *Gender stereotypes and the attribution of leadership traits: A cross-cultural comparison*. Sex Roles 51(11-12): 631-645.

Stocker, S. S. 2005. "The ethics of mutuality and feminist relational therapy", *Women and Therapy* 28(2): 1-15.

Toller, P. W., E. A. Suter, and T. C. Trautman. 2004. *Gender role identity and attitudes toward feminism*. Sex Roles51(1-2): 85-90.

색 인

이현지 ───

이현지는 계명대학교에서 사회학박사를 받고 중국 사회과학원에서 박사 후 연수를
하였다. 경북대학교에서 연구교수를 거쳐 현재 계명대학교 교양과정부에 재직하고
있다. 주요 관심분야는 음양론의 탈현대적 남녀관계관과 가족관, 한의철학 등이
다. 저서로『동아시아 전통의학의 현대화』,『성, 가족, 문화: 다르게 읽기』가 있
고, 대표논문으로는「음양, 남녀 그리고 탈현대」,「남녀 속의 유교」,「장자 평등사
상의 여성학적 함의」,「유교적 가족관계관, 현대 가족위기의 대안인가」,「음양론
의 여성학적 함의」등이 있다.

동양사상과 탈현대의 발견

초판인쇄 | 2009년 3월 23일
초판발행 | 2009년 3월 23일

지은이 | 이현지
펴낸이 | 채종준
펴낸곳 | 한국학술정보㈜
주 소 | 경기도 파주시 교하읍 문발리 513-5 파주출판문화정보산업단지
전 화 | 031) 908-3181(대표)
팩 스 | 031) 908-3189
홈페이지 | http://www.kstudy.com
E-mail | 출판사업부 publish@kstudy.com

등 록 | 제일산-115호(2000. 6. 19)
가 격 | 28,000원

ISBN 978-89-534-1458-7 93330 (Paper Book)
      978-89-534-1469-3 98330 (e-Book)